Au RP Bruckberger,

Mon « cousin par l'Auvergne » (1977) et dont le parcours de chair et d'esprit m'a enseigné que sans marge, il n'est point de page au grand livre de la vie. Et dont Le Dialogue des Carmélites m'a enseigné ce que dramaturgie veut dire.

À Jacques Namont,

Qui m'a offert, outre une amitié sans faille, la possibilité d'entrevoir ce que danser veut dire.

À Jean-Yves Lormeau,

Pour sa rigueur esthétique, sa fidèle affection et son inoubliable souvenir.

À Manuel Legris,

Dont le talent et la force expressive ont inspiré ma vision du rôle de Becket que je lui dédie …Pour sa confiance amicale et bienveillante.

À Patrick De Bana

Qui m'a ouvert la première scène et m'a emporté avec lui à Novossibirsk, Tokyo, Moscou, Shanghaï, Astana…

© Copyright Jean-François Vazelle, 2022
Édition : BoD – Books on Demand, info@bod.fr
Impression : BoD – Books on Demand,
In de Tarpen 42, Norderstedt (Allemagne)
Impression à la demande
ISBN : 978-2-3224-0271-7
Dépôt légal : Avril 2022

Préface.

Ça commence comme un rêve d'enfant
On croit que c'est dimanche
Et que c'est le printemps...[1]

La genèse de ces *Paroles à danser*.

Depuis 1964, le personnage de Thomas Becket[2] me poursuit. Il me rattrape au moment et à l'endroit le plus inattendu.

C'est en 1996, je suis en vacances quelques jours dans ce qui était alors la maison familiale, dans le Cantal. Comme souvent, je vais me promener dans une bourgade voisine, Mur-de-Barrez. Alors que j'étais passé là des dizaines de fois, mon attention est attitrée par la petite église du bourg. Quelle ne fut pas ma stupeur de découvrir qu'elle portait le nom de mon héros !

Jusqu'à ce jour, je ne suis pas parvenu à élucider le mystère de cette présence en Aveyron. Saint Thomas aurait-il vécu dans la forêt de Brusque – à 200km de Mur - durant son séjour en France après son passage à l'abbaye cistercienne de Pontigny ? Toujours est-il que ses reliques y auraient un moment séjourné.

Cette même année, avec mon fidèle ami Jacques Namont, nous sommes nommés directeurs artistiques de la Fondation pour l'enfance. À ce titre, nous devrons organiser un gala de prestige à l'Opéra Royal du château de Versailles. Jacques, riche de ses amitiés à l'Opéra, se met au travail. Je n'ai qu'une requête, que Manuel Legris et Monique Loudières que j'admire depuis si longtemps soient de la fête.

De fait, ils viendront y danser la black pas-de-deux de *La Dame aux Camélias*.

Ainsi, je fais la connaissance de Manuel, c'est un flash.

Comme une évidence, un besoin, je dois enfin écrire un « argument » de ballet à la gloire de Thomas[3] dont, bien évidemment l'interprète en serait Manuel Legris.

---

1 - Etienne Roda-Gil
2 - Voir Annexe Préface page 121
3 - Voir page 64

En 1996, voilà déjà plus de trente ans que la danse occupe une place importante dans mon existence. Spectateur assidu, pratiquant, critique, organisateur, directeur artistique... Je commence à atteindre une forme de synthèse quant aux rouages du spectacle de danse. Je me sens prêt à risquer l'exercice. Cela prendra trois années et avec l'aide précieuse de mon ami Philippe Raymond-Thimonga, le livret verra le jour en 1999.

Les années passent, nous sommes désormais en 2012 quand Patrick de Bana qui connaît mon rêve de voir un jour sur scène ce livret me lance un défi. Mais, point de *Becket*, mais *Cléopâtre*, une commande des Ballets Russes du XXe siècle qui possèdent les décors et costumes de la création de 1909.

Mis au pied du mur, les doutes m'assaillent. Quelle légitimité pour ainsi me lancer dans cette aventure qui doit trouver son épilogue sur la scène du prestigieux Théâtre des Champs-Élysées ? Pour une première, je réalise l'enjeu : JF à l'affiche de la saison de la salle de l'avenue Montaigne.

Mille questions… et notamment, qu'est-ce que la dramaturgie ?

« Poser cette question aujourd'hui, ce n'est pas seulement tenter de définir une notion dont on sait à quel point elle est fuyante pour qui cherche à s'en approcher : c'est affronter à un état du théâtre ce que l'on a cru savoir du drame, de l'action - du théâtre même. Qu'en est-il de la dramaturgie quand le théâtre est tenté d'expulser le drame de la sphère ? Quand l'action se délite et se dénigre au point de paraître s'annuler ? Quand le théâtre se fait danse, installation, performance ? »

Joseph Danan

Je réalise qu'écrire pour la danse est une activité paradoxale, qui consiste à mettre en mots un texte destiné à de muets interprètes. Pourtant, de Paul Claudel et de Théophile Gautier à Jean Cocteau, nombreux furent au cours des siècles les auteurs intéressés par cette technique scripturaire, liée à la conception occidentale du ballet narratif.

Je sais que l'utilisation de la dramaturgie est de nourrir le créateur en théorie par rapport au thème qu'il veut aborder et de faire la médiation entre l'œuvre et le public.

Je prends conscience que le métier de dramaturge en danse est à la fois rare et un peu fictif : il est parfois celui qui prépare une pièce par un travail de documentation et de réflexion sur les enjeux du spectacle, il est aussi celui qui vient ordonner des séquences de danse composées par le chorégraphe et les interprètes ou bien l'assistant présenta toutes les répétitions qui prend note de la dérive des enjeux de départ. Il peut être également le premier spectateur dont les remarques permettent d'activer le travail. En fait, dans la pratique, cette fonction peut être prise par différentes personnes à des moments divers, ce peut être un danseur, un ami, l'éclairagiste, etc.

Stéphane Mallarmé, Paul Valéry et bien d'autres auteurs ont essayé d'expliquer la danse qu'ils observaient, de la mettre sur papier. Ce rapport à la danse, cette volonté de la décrire par le médium textuel et littéraire, s'apparente à une attitude de transcripteur qui essaie, après une première observation passive, de mettre la danse en mots.

Le langage de la danse est de toute évidence, un langage universel. La danse communique, s'exprime au fil du mouvement ordonné ou désordonné pour conter une histoire. Tout est dans l'expression artistique, et la transmission des émotions qui peuvent être comprises par chacun d'entre nous, sans que l'usage de la parole soit nécessaire.

À travers la danse, le langage du corps laisse transparaître des sentiments auxquels tout le monde peut s'identifier, comme : la colère, la peur, le doute, la joie, la tristesse, l'amour, etc. les ballets mettent en scène une histoire facilement compréhensible par tous, souvent définie par une conceptualisation dramatique.

Cléopâtre, fut pour moi une révélation, le livret fut reçu avec bienveillance, je dirais même qu'il rencontra un certain succès. C'est ainsi que je récidiverai, à chaque fois avec les mêmes doutes, les mêmes angoisses, la même ivresse des soirs de première des Champs-Élysées au Bolchoï de Moscou, de Wiener Staatsoper à la Scala de Milan.

À ce jour, j'ai encore du mal à réaliser que mon nom restera à jamais dans les archives de ces prestigieuses Maisons.

J'ai voulu réunir ici les textes, fruits de mon travail, pour qu'ils soient lus comme un recueil de mes aventures passées et, qui sait, à venir.

Une sorte de compilation de mes contes de fées.

Des paroles à danser.

EN SCÈNE...

Cleopatra - Ida Rubinstein[1]

à Juliette Delpuech, la découverte de d'Ida Rubinstein, la femme, m'a, sans cesse, ramené vers elle.
Deux femmes de la même « famille ».
Sa tendresse et son affection demeurent, à jamais, une partie de moi.

Chorégraphie et mise en scène de Patrick de Bana.
Argument et dramaturgie de Jean-François Vazelle.
Décors et costumes d'Anna Nezhnaya.
Création mondiale au Théâtre des Champs-Élysées - Paris le 29 juin 2012

Distribution :

Ilse Liepa : Cléopâtre/Ida Rubinstein - Artem Yachmennikov : Robert de Montesquiou - Mikhail Lobukhin : Michel Fokine - Iliya Kuznetsov : Monsieur G. - Mikhail Martinyuk : Vaslav Nijinski - Natalia Balakhnicheva : Tamara Karsavina - Alexandra Timofeeva : Anna Pavlova - Veronika Varnovskaya : Bronislava Nijinska - Solistes du Bolchoï de Moscou et le corps de ballet du Kremlin.

À propos de Cléopâtre.

En ce début de vingtième siècle, le ballet est à Paris un art sans connaisseurs, tout au plus un divertissement poussiéreux permettant d'admirer de jeunes filles légèrement vêtues. Ce sont donc les critiques musicaux ou les critiques d'Art qui vont relayer la « saison russe ».

En impresario avisé, Diaghilev déclare « ... *Un véritable ballet devait comporter la combinaison parfaite de ces trois facteurs : musique, chorégraphie et peinture décorative.* » Ainsi, plus qu'une création chorégraphique, *Cléopâtre* sera l'acte fondateur d'un renouveau du spectacle, d'un phénomène de mode et de société sans précédent.

Le soir du 2 juin 1909, Paris découvre un spectacle comme il n'en a jamais vu. Un époustouflant décor de Léon Bakst, des danses d'un érotisme inédit en France et la fulgurante apparition d'Ida Rubinstein.

Lisons le comte de Montesquiou :

« *La dame est nue sous des voiles gemmés... À peine voilée par un déshabillé aussi somptueux que transparent ... Elle mêle son corps souple, tel un serpent du Nil à celui musclé d'Amoun-Fokine, dans une danse d'amour, la salle est sidérée.* »

À peine le rideau baissé, il se précipite dans la loge d'Ida. Robert de Montesquiou est sous le charme, il va mettre le Tout-Paris à ses pieds...

---
1 - Voir Annexe 1 page 121

L'année suivante ce sera *Shéhérazade*, et même si la connaissance du ballet reste faible, la mode vestimentaire et ornementale seront modifiées et la vie parisienne bouleversée : les femmes réclament à Paul Poiret les turbans lamés, les robes rehaussées de pierreries et de fourrure de Shéhérazade, un cabaret portant ce nom s'ouvre rue de Liège…

Ida Rubinstein devient l'icône du Paris des arts, de ce Paris d'avant-guerre, capitale mondiale et cosmopolite de La Création artistique. Elle sera l'ambassadrice de « l'Art total ».

La femme est hors normes : richissime de naissance, cultivée, Ida n'est pas une danseuse, mais elle est belle, elle possède l'art du mouvement, elle est ambitieuse et assoiffée de succès théâtraux. Elle rêve de concurrencer Diaghilev et lui voler les faveurs du public parisien.

Elle va mettre sa fortune (et celle de son amant, le magnat irlandais Walter Guinness) au service de ses ambitions.

Avec Robert de Montesquiou-Fezensac, elle trouve un guide, un entremetteur de génie qui va lui faire rencontrer tout ce que Paris compte de talents. Ce sera Gabriele D'Annunzio (follement épris d'Ida), puis Debussy, Ravel (à qui elle inspirera le *Boléro*), Sarah Bernhardt (qui lui donnera des cours de théâtre), Honegger, Milhaud, Cocteau, Claudel, Stravinsky… Et tant d'autres !

Jusqu'en 1939, Ida poursuit sans relâche sa carrière de productrice, de directrice de compagnie et, bien évidemment d'interprète. Mais cette femme moderne financera également des hôpitaux pendant les deux guerres mondiales, elle défendra activement la cause juive alors qu'elle-même est devenue une mystique catholique…

Ainsi, au-delà du ballet de Michel Fokine, c'est ce destin, cette vie que nous souhaitons évoquer par le prisme personnel d'Ida Rubinstein. Se souvenir de cette création, de son succès. Suivre simplement Ida dans l'errance de ses pensées, ses joies, ses angoisses, ses doutes alors qu'elle se prépare à incarner la divine Égyptienne.

Une suite d'instantanés où elle évoque des moments forts de sa vie et des êtres qui lui sont chers.

Les Personnages.

Ida Rubinstein : Travailleuse acharnée assoiffée de gloire, sa détermination, ses pouvoirs de séduction et de persuasion feront le reste. Ida devient peu à peu *Cléopâtre*.

Robert de Montesquiou : **b**eau, élégant et racé, intelligent, cultivé et raffiné ; l'archétype du dandy. Ida l'appelle « *Cher Grand Ami* » et dit de lui : « *Un homme d'exception m'a découverte et choisie comme une âme sœur. La communion avec un tel ami était un bonheur pour moi, son exemple enrichissait mon discernement en toutes choses. Il me comprenait et ne demandait rien de moi en retour, sinon ma présence, volontiers partagée.* »

Michel Fokine : « Le Maître ». Grand danseur classique, Michel Fokine séduit la liberté de mouvement d'Isadora Duncan devient le Pygmalion d'Ida, dont il a perçu le potentiel artistique et la puissance de sa présence en scène. Ida écrit : « *Fokine s'éprit de son élève et je me suis laissé faire...certaines libertés furent vécues de concert, sans conséquence* ».

Monsieur G. : Personnage duel, complexe. Pur produit de l'imaginaire d'Ida, il est « l'Homme Liberté ».

Cette liberté recherchée dans son mariage « *Je m'étais vendue... J'avais aussi acheté une chose précieuse, une chose sans prix : ma liberté.* » Ou encore, celle offerte par sa liaison passionnée avec Walter Guinness : « *Il était pour moi un homme qui ne pouvait m'offrir ni permanence ni position dans le monde : uniquement aventure et liberté. C'est ce qui m'attirait en lui.* »

Serge de Diaghilev : Le succès de cette Cléopâtre est indispensable pour l'avenir de la Compagnie. Pragmatique et sans états d'âme : Ida a de la présence, un certain goût pour le scandale, elle sera son interprète ! Présent, mais distant, il attend avec impatience et inquiétude cette soirée du 2 juin 1909.

Vaslav Nijinski : À l'instar d'Ânti, dieu égyptien qui faisait passer d'un monde à l'autre, Vaslav est pour Ida « Le passeur » du rêve à la réalité, le fil conducteur de cette évocation.

Tamara Karsavina, Bronislava Nijinska, Anna Pavlova : les partenaires.

LE BALLET

Instant 1. *Dans la maison d'Ida à Vence.*
Musique : Pavane pour une infante défunte (Maurice Ravel).

Ida, telle la jeune fille du *Spectre de la Rose*, est assise dans un fauteuil. Elle semble lasse, mélancolique, perdue dans ses pensées.

Au loin défilent des personnages familiers, réels ou imaginaires ?

L'un d'eux, Nijinski, sort du rang et entre dans la réalité d'Ida.

Instant 2. *Dans un studio de danse.*
Musiques : Mavra-Chanson russe (Igor Stravinsky), Suite N°2 For Small Orchestra-Galopp (Igor Stravinsky), Suite italienne-Serenata (Igor Stravinsky).

Ida et Nijinski entrent, Michel Fokine donne la classe.

« *J'avais comme objectif non seulement de créer la danse de Cléopâtre, mais former également la danseuse. Svelte, longiligne et belle, elle m'apparut comme une matière intéressante avec laquelle j'espérais "produire" un personnage scénique exceptionnel* ». MF ?

La classe se termine, le comte de Montesquiou-Fezensac entre. Il salue Ida, lui dit son admiration et l'invite à la soirée qu'il compte donner en son honneur.

Instant 3. *Le Pavillon des Muses, demeure de Robert de Montesquiou.*
Musiques : Symphony N°1 in E Minor, Op. 1-allegro assai (Nikolay Andreyevich Rimsky-Korsakov), Orchestral Suite N°4-Air de ballet(Jules Massenet), Ruses d'amour-Pallabile des paysans et des paysannes (Alexander Glazounov), Concerto in D-Arioso (Igor Stravinsky).

Montesquiou a organisé, en l'honneur d'Ida, une de ces soirées fastueuses dont il a le secret. Il y a invité tout ce que Paris compte de plus brillant.

Dès l'arrivée d'Ida, Robert de Montesquiou lui présente son ami M.G. comme l'un de ses plus fervents admirateurs.

Ida est très entourée. Chacun s'empresse pour attirer son attention. Ida grisée, passe de l'un à l'autre, sensuelle et provocante.

Dans ce tourbillon, elle retrouve Montesquiou et M.G.

Instant 4. *Le Pavillon des Muses, demeure de Robert de Montesquiou.*
Musiques : Concerto in D-Arioso (Igor Stravinsky), Piano Concerto in G-Adagio Assai (Maurice Ravel).

Les trois amis se sont isolés dans un salon privé.

Ida remercie Robert pour cette soirée. Les deux amis se jurent une indéfectible amitié.

Montesquiou s'éclipse, Ida succombe dans les bras de M.G.

Instant 5. *Dans un studio de danse.*
Musique : Incidental music to Pelleas et Melisande-Fileuse-Andantino quasi allegretto (Gabriel Fauré).

Tous les artistes sont réunis. C'est l'effervescence : sous la direction de Michel Fokine, ils répètent sa prochaine création, Cléopâtre. Le Maître va de l'un à l'autre, montre les mouvements, corrige les interprètes.

Instant 6. *À l'hôtel de Greffulhe.*
Musique : orchestral Suite N°5 - La fête (Jules Massenet).

Louise Élisabeth, Comtesse Greffulhe a généreusement mis sa demeure à la disposition de Diaghilev qui y reçoit ses amis, ses bienfaiteurs, les artistes des ballets russes.
Dans cette ambiance de fête, Ida éprouvée par les répétitions est d'humeur morose. Ses rapports avec Diaghilev sont de plus en plus difficiles en outre, Ida est persuadée que Karsavina intrigue contre elle.
Dans cette noirceur, Ida voit M.G. la trahir et s'éloigner, son cher Montesquiou malade, mort ? Sa raison s'égare…
Nijinski la rejoint. Ce n'était qu'un cauchemar !

Instant 7. *La scène du Théâtre du Châtelet, le 1er juin 1909.*
Musique : Caligula Op.52 - Air de danse (Gabriel Fauré).

La fièvre monte, c'est la répétition générale. Michel Fokine règle les ultimes détails, prodigue ses conseils aux uns et aux autres.
Ida se prête aux derniers essayages de son costume.

Instant 8. *La scène du Théâtre du Châtelet, le 2 juin 1909. La Première de Cléopâtre.*
Musique : Whirling Dervish (Omar Faruk Tekbilek).

Distribution ce soir-là : Cléopâtre - Ida Rubinstein, Ta-Hor - Anna Pavlova, Amoun - Michel Fokine, esclaves favoris de Cléopâtre - Tamara Karsavina et Vaslav Nijinsky, La Bacchante - Bronislava Nijinska, La bacchanale - Groupe de filles, groupe de garçons.

«L'action se passe auprès d'un sanctuaire vénéré situé dans une oasis. Amoûn, jeune seigneur, est amoureux de la prêtresse Ta-Hor, qui lui est promise par le grand prêtre. Le jeune couple ne songe qu'à sa félicité prochaine quand arrive, pour accomplir un voeu fait à la divinité du temple, la reine Cléopâtre. Amoûn, subitement frappé de passion, a l'audace de lui envoyer, enroulée autour d'une flèche, une déclaration brûlante. Saisi par les gardes, il va subir le juste châtiment de sa témérité. Mais la reine, touchée par la beauté du jeune homme, lui offre une nuit d'amour sans lendemain. Après avoir réalisé son rêve, Amoûn mourra. Tout à sa passion, Amoûn refuse d'écouter les exhortations de Ta-Hor qui voudrait le sauver. Autour de la couche où Cléopâtre et Amoûn sont enlacés, se forment des danses voluptueuses. Mais le temps s'écoule et bientôt Cléopâtre tend à son amant d'une nuit la coupe de poison. Elle le regarde durant qu'il agonise, puis se retire. »

Théophile Gautier.

Instant 9. *Dans la maison d'Ida à Vence.*
Musique : From The Middle Ages - The Troubador's Serenade (Alexander Glazounov).

Le rideau est tombé, au loin, tous sortent du théâtre.

Ida ovationnée, félicitée, adulée, courtisée… Ida épuisée. Ida seule de cette solitude qui survient à la sortie de scène. Elle enlève son costume de scène et s'effondre dans un fauteuil.

Dans le lointain, Vaslav Nijinsky s'éloigne du groupe et de Diaghilev en particulier. Sa gestuelle rappelle clairement celle de la marionnette *Petrouchka*.

Ida paraît absente. Une minute ? Une heure ? Une éternité ! Elle est à Vence au terme de sa vie, hantée par ses souvenirs et plus précisément, par le souvenir de Nijinsky muré dans sa folie depuis de nombreuses années.

Plus l'image de Vaslav se rapproche d'Ida, plus ses gestes deviennent chaotiques, incohérents.

Arrivé auprès d'elle, il s'immobilise hébété. Ida, interloquée, esquisse quelques pas de danse pour tenter d'attirer son attention. C'est vain, il est déjà ailleurs. Elle regagne son fauteuil. Subitement, Nijinsky réagit à sa présence par une série de bonds, puis s'écroule aux pieds de son ancienne partenaire. Une fois encore, la dernière sans doute, il sera « le passeur ».

Apollon

Musique Igor Stravinsky
Chorégraphie Patrick De Bana
Dramaturgie Jean-François Vazelle
Scénographie Alain Lagarde
Costumes Stephanie Bäuerl
Lumières Takashi Kitamura

Création le 14 avril 2013 au Tokyo Bunka Kaikan Main Hall
dans le cadre du Spring Festival in Tokyo – Tokyo Opera Nomori 2013.

Distribution :

Apollon : Dimo Kirilov Milev - La visiteuse : Tamako Akiyama, bailarina principal de la Compañía Nacional de Danza de España - La mère : Kiyoka Hashimoto, soliste du Staatsoper Ballet de Vienne - La victime : Alena Klochkova, Demi-Soliste du Staatsoper Ballet de Vienne

Rappel historique.

Il s'agit d'une commande de la mécène américaine Elisabeth Sprague Coolidge, destinée à être donnée à la Bibliothèque du Congrès. Après Œdipus Rex, Stravinski choisit à nouveau de s'inspirer d'un sujet en rapport avec l'Antiquité grecque et retient le thème d'Apollon qui instruit les Muses à leur art.

Le ballet est divisé en deux tableaux :

Premier tableau - Naissance d'Apollon.

Second tableau - Variation d'Apollon (Apollon et les Muses) - Pas d'action (Apollon et les trois muses: Calliope, Polymnie et Terpsichore) - Variation de Calliope (l'Alexandrin) - Variation de Polymnie - Variation de Terpsichore - Variation d'Apollon - Pas de deux (Apollon et Terpsichore) - Coda (Apollon et les Muses) - Apothéose.

Créé à Washington en avril 1928 dans la chorégraphie d'Adolph Bolm, il est repris par les Ballets Russes à Paris le 28 juin suivant, chorégraphié par George Balanchine.

S'appuyant sur la beauté et les qualités d'interprète de Serge Lifar, Balanchine conçoit un Apollon jeune et sauvage, exaltation de la danse masculine. L'œuvre est sobre et claire, en parfaite adéquation avec la partition de Stravinski.

Lors de la création, Apollon porte une toge retravaillée, avec une coupe en diagonale, une ceinture et des lacets qui montent à la manière des spartiates. Les muses ont un tutu classique. Le décor est baroque : deux grosses machineries (des rochers et le chariot d'Apollon).

En 1947, Stravinski remanie sa partition et au fil des reprises, le chorégraphe épure peu à peu les costumes et les décors (reprise de 1957), dans la reprise de 1978 il supprime le premier tableau, le « musagète » du titre et même le Parnasse. Ce dernier demeure matérialisé par un simple escalier recouvert de velours noir dans la version « Musagète ». Les muses portent une tunique blanche, Apollon en collant blanc délaisse les lacets.

La chorégraphie est adaptée à la personnalité des nouveaux interprètes, dont Mikhaïl Baryschnikov. Dans la danse, on sent un retour vers l'académisme (étirement et élancement du corps). Mais le chorégraphe George Balanchine casse les angles des bras et plie les angles de la main. C'est donc un ballet néoclassique.

L'importance d'*Apollon* dans l'histoire du ballet a été signalée en son temps par Lincoln Kirstein et plus particulièrement son écriture révolutionnaire pour l'époque, devenue si classique aujourd'hui : « *Nous oublions qu'actuellement, dans notre danse, une grande part du « modernisme » vient d'Apollon et que nombre de portés, d'utilisation des pointes étaient inconnus avant. Au début, ces innovations horrifièrent de nombreuses personnes, mais c'était là une extension si naturelle du pur style de Saint-Léon, Petipa et Ivanov, qu'elles furent presque immédiatement intégrées aux traditions de cet art.* »

Note d'intention.
La première réaction serait de s'interdire une quelconque relecture d'une œuvre si parfaite dans sa forme. À bien y réfléchir et pensant à George Balanchine, à son esprit novateur voire révolutionnaire, mais également à la satisfaction qu'il pourrait éprouver par la hardiesse de l'entreprise et l'hommage qui lui est ainsi rendu, l'on se dit : pourquoi pas ?

Par delà l'aspect formel, acte quasi fondateur de l'esthétique balanchinienne, le génial chorégraphe parle ici de l'enfantement, de l'enseignement, de l'accomplissement de l'être par la transmission... Rien n'y est figé ni stéréotypé, Mr B. s'interdit tout cliché au profit d'un imaginaire créatif.

Ainsi répondant à un critique que ne retrouvait pas dans le ballet la statuaire de l'Apollon du Belvédère, George Balanchine précise : « ... *il n'est pas celui du Belvédère, sculptural... il est sauvage, humain par sa jeunesse...* »

Il convient de préciser que si Apollon est couramment retenu comme le symbole de la beauté et des arts, les Grecs multiplièrent ses attributions et leur donnèrent parfois un caractère funeste. C'est ainsi qu'il est regardé comme le dieu du châtiment foudroyant. Toutes les morts subites sont le résultat des blessures qu'il inflige de ses traits. Parfois, il condamne l'humanité à une mort plus lente et plus horrible encore en lui envoyant la peste.

C'est bien cet Apollon humain à la fois beauté et noirceur qui nous interpelle. Celui qui quitte ses muses à regret lorsque son père, Zeus lui intime l'ordre de regagner l'Olympe (topos poétique et non géographique) c'est-à-dire l'Absolu, la résidence des Dieux.

En 27 minutes et 37 secondes (dans la version de 1947) par un découpage de sa partition aussi précis qu'implacable, Igor Stravinski nous conduit de la naissance à la transfiguration de son Apollon, l'homme-dieu .

Cela nous amène à nous demander en quelle circonstance peut-on voir ainsi sa vie, ses amours, ses amis défiler dans un tel flash si ce n'est dans ce même laps de temps qui précède immédiatement le Départ. Quelle fulgurance ce doit être lorsqu'il est irrémédiablement programmé tel que, par exemple, dans les funestes couloirs de la mort dont l'horreur ne peut échapper, ni ne questionner quiconque aujourd'hui. De la privation de liberté, aux traitements indignes ou aux médications imposées combien y laissent en sus leur raison ?

Dans ces terribles instants qui précèdent la énième décision d'exécution ou de grâce, qui sont les muses qui viennent inspirer chacun des instants de leur vie suspendue ? Elles ont certainement pour nom mère, épouse, filles ou avocates....

Face à ce qui sera mort ou délivrance dans quelques minutes, en marche de toute façon vers leur Olympe et revivifiés par la vision de leurs femmes-muses, ils suivent les pas d'Apollon.

Textes sources d'inspiration :

« Lorsqu'un homme meurt quelque part dans le monde, je me sens diminué, parce que je suis l'humanité.
C'est pourquoi je ne demande jamais pour qui sonne le glas, car je sais que c'est aussi un peu pour moi. »

Ernest Hemingway

« Souvent aujourd'hui, dans le couloir de la mort, ma grand-mère me revient à l'esprit. J'ai tant appris auprès d'elle sans même m'en rendre compte. Elle a sauvé mon âme sans doute, en m'enseignant une foi simple. Je n'appartiens vraiment à aucune religion ni à aucun mouvement spirituel. J'appartiens seulement à l'expérience intérieure que peut faire chacun à tout moment : être plus fort que la haine ! Être plus fort que ses peurs ! »

Roger McGowen[1]

« À quoi bon s'insurger, la justice où est-elle ?
Tumulte en mon esprit : Je te rejoins maman ! »

Troy Davis[2]

« Et l'Ange de la mort vers le soir à la porte
Apparut, demandant qu'on lui permît d'entrer.
« Qu'il entre. »
On vit alors son regard s'éclairer
De la même clarté qu'au jour de sa naissance ;
Et l'Ange lui dit : « Dieu désire ta présence.

---

1 – Roger McGowen avait 24 ans quand il a été condamné à mort au Texas en 1987, pour un crime qu'il n'a pas commis. Il en a aujourd'hui 59. Ses amis ont dépensé une fortune pour le sortir en 2012 du couloir de la mort. Sa peine a depuis été commuée en perpétuité.

2– Condamné à mort pour le meurtre du policier Mark MacPhail, tué par balles sur un parking de Savannah en 1989, Troy Davis avait déjà échappé à trois exécutions grâce à de multiples recours judiciaires évoquant des doutes quant à sa culpabilité. Lors du procès, neuf témoins l'avaient désigné comme l'auteur du coup de feu, mais l'arme du crime n'avait jamais été retrouvée et aucune empreinte digitale ni ADN n'avaient été relevés. Depuis, sept témoins s'étaient rétractés, certains d'entre eux affirmant avoir été incités par la police à accuser Troy Davis. Le 21 septembre 2011, l'exécution a été retardée de plus de quatre heures, dans l'attente d'une décision de la Cour suprême des États-Unis, qui a finalement autorisé la mise à mort.

- Bien », dit-il. Un frisson sur les tempes courut,
Un souffle ouvrit sa lèvre, et il mourut. »

Victor Hugo

Apollon 2022.
Les personnages.
Lui.
Danseur de 23 ans, il est aux portes de la gloire : il est nommé Principal et choisi pour interpréter *Apollon Musagète*. La veille de sa Première, au cours de la soirée, une jeune fille est assassinée dans des conditions particulièrement atroces. Tout l'accuse et pourtant il est innocent.

Condamné à mort, il attend son exécution depuis 19 ans. Son état de santé a contraint les autorités à le transférer dans un hôpital psychiatrique.

Il lit et relit le Journal de Nijinsky auquel, aidé par les médicaments et l'isolement, il s'identifie chaque jour un peu plus à celui que l'on appellera « le fou de Dieu ». Il ressasse jusqu'à l'obsession son rendez-vous manqué avec la danse, et plus particulièrement avec ce rôle d'*Apollon*.

Pendant toutes ces années, les recours se sont succédé sans résultat, en dépit d'une forte mobilisation populaire.

La mère.
Elle est l'absente présente à chaque instant. De fait, elle habite la scène telle une Piéta, figure de LA MÈRE universelle.

Morte durant la longue détention, *Lui* ne la jamais revue. Malgré tout, son image le hante, l'apaise, le soutient et lui donne le courage de se battre pour faire reconnaître enfin son innocence.

La victime.
LUI sait qu'elle est la seule à connaître la vérité. Il en a vu des images à la télévision et dans ses moments de désespoir les plus profonds, lorsque l'esprit s'égare, elle revient pour le réconforter et témoigner de son innocence.

Ces deux femmes sont intimement liées, car elles sont aux yeux du détenu, les deux seules qui ne l'accusent et ne doutent jamais de lui.

La visiteuse.
Le seul personnage de chair et d'os de cette histoire, son seul lien avec le monde extérieur. Elle personnifie la fidélité, la flamme vacillante de l'espoir. Cette présence féminine pose de plus en plus problème. En effet, dans la misère sexuelle absolue, où il se trouve plongé depuis si longtemps et alors

que sa raison vacille, cette femme devient un fantasme de sensualité, de sexualité bestiale.

L'histoire :

Elle commence alors que le « Comité des grâces » est réuni qui doit se prononcer sur un ultime recours déposé par les avocats de la défense. Mais n'est-il pas déjà trop tard ?

Un ancien danseur aux portes de la gloire est injustement accusé de meurtre et condamné à mort. Emprisonné depuis plus de 19 ans, sa santé mentale se dégrade dangereusement. Toutefois, il attend le verdict de l'ultime recours. Il vit ces 27 minutes et 37 secondes les plus tragiques de son pathétique destin. Le seul lien avec l'extérieur est sa Visiteuse, solide soutien de toutes ces années. C'est elle qui lui apportera le verdict.

Ses derniers instants sont intensément habités par « ses » femmes, celles qui l'ont façonné, celles qui ont marqué sa vie, mais également par cet Apollon qu'il n'a jamais pu danser.

Dans une série de flashs vertigineux et une démence intermittente, il revit sa danse et revoit ses femmes en pensée ou dans ses rêves. Elles sont douce compagnie, affectueux soutien, ou violent et obsédant objet sexuel...

Elles impriment ses ultimes états d'âme, soutiennent ses derniers pas jusqu'à la révélation du verdict qui, quel qu'il puisse être, lui ouvrira enfin les portes de SON Olympe.

Synopsis :

4h 32' 13''

Musique : Birth of Apollo (04:11) - *Lui, la mère.*

La mère est en scène au lever de rideau, assise et cachée aux regards par un long voile noir.

Lui est là, agité, menotté et entravé. En dansant, il fait tomber le voile : sa mère apparaît, elle le délivre de ses menottes et, dans sa tête de prisonnier, le fait « évader », l'entraînant loin de sa triste réalité. Apaisé, il s'endort.

4h 36' 24''

Musique :Variation d'Apollon (02:49) - *Lui endormi, La Mère, La Victime.*

Le songe.

Vision de ces deux femmes, images de la compréhension, de la douceur, de l'apaisement. Elles seules le savent innocent : la mère ne peut concevoir son fils coupable et la Victime, elle sait !

Entrée de La Visiteuse, les deux esprits disparaissent.

4h 39' 13"

Musique : Pas d'action (03:57) - *Lui, La Visiteuse.*

La Visiteuse s'approche de l'endormi.

Doucement, elle le réveille. Entre rêve et réalité, à cause de sa raison qui chancèle, il se laisse consoler et entendre toutes les raisons qu'elle lui donne d'espérer encore.

Entrée de la mère et de la Victime.

4h 43' 10"

Musique : Variation of Calliope (the Alexandrine) (01:30) - *La Victime.*

La Victime exprime son impatiente certitude à voir enfin la vérité éclater.

4h 44' 40"

Musique : Variation of Polyhymnia (01:15) - *La mère.*

La mère fait à son fils une poignante déclaration d'amour !

4h 45' 55"

Musique : Variation of Terpsichore (01:32) - *La Visiteuse.*

La Visiteuse, comme elle le fait inlassablement depuis toutes ces années, exprime un indéfectible espoir, sa foi dans les juges du Comité, actuellement en délibération. Il faut vivre, vivre et vivre encore...

4h 47' 27"

Musique : Variation of Apollo (02:13) - *Lui et La Visiteuse.*

Toutes ces pensées, ces images l'ont emmené loin de la prison, et pourtant elles ont disparu. Il semble égaré et ne pas reconnaître la Visiteuse, d'inquiétants signes d'aliénation mentale semblent se faire jour.

4h 49' 40 "

Musique : Pas-de-deux (Apollo and Terpsichore) (03:28) - *Lui, La Visiteuse.*

Finalement, il se jette sur elle, lui arrache son manteau ne voulant voir en elle que l'objet de ses fantasmes érotiques. Elle finit par le repousser, rajuste ses vêtements et le secoue pour tenter de la ramener à la réalité. Hagard, il s'effondre.

4h 53' 18"

Musique : Coda (03:24) - *Lui, puis la mère, puis La Victime.*

Il est seul. Il a froid. Il est « revenu » dans sa prison. Il sombre dans une profonde détresse désespérée.

Pourquoi espérer plus ce soir que lors de 8 054 nuits précédentes ? Il pleure sa vie perdue et toutes ces années inutiles.

L'image de sa mère continue à l'obséder. Elle apparaît, tentant de le réconforter. Le voyant ainsi grelottant, elle tente de le réchauffer et, comme à l'habitude, de le soutenir dans son épreuve. Sur la fin de la musique, La Victime les rejoint.

4 h. 56' 42"

Musique : Apotheosis (03:18) - Tous.

Alors qu'il semble égaré parmi tous ces « fantômes », La Visiteuse entre : le verdict est rendu, elle vient l'en informer.

Dans le même temps, le fond de scène s'éclaire progressivement jusqu'à devenir très violent. Avec un regard pour chacune, il s'éloigne esquissant des pas désordonnés rappelant ici ou là l'Apollo de Balanchine. Vers le lointain, il n'est plus qu'une ombre chinoise flottante qui disparaît dans la lumière.

5 h.

Qu'il ait été exécuté ou gracié, rien ne sera plus comme avant !

The Rite of Spring

Musique : Igor Stravinski[1]
Chorégraphie : Patrick De Bana
Dramaturgie et livret : Jean-François Vazelle
Scénographie : Alain Lagarde
Costumes : Stéphanie Bäuerle

Création le 11 juin 2013 à l'Opéra de Novossibirsk

Quatre nominations aux Golden Mask Moscou 2013
Meilleure production - Meilleur chorégraphe - Meilleur danseur - Meilleure danseuse

Le Sacre mai 1913.

Voici les notes du programme que les spectateurs avaient entre leurs mains lors de la première représentation, le 29 mai 1913 :

Premier tableau : L'Adoration de la terre.

Introduction - Augures printaniers - Danses des adolescentes - Jeu du rapt - Rondes printanières - Jeu des cités rivales - Cortège du Sage - L'Adoration de la Terre - Danse de la terre.

Printemps. La terre est couverte de fleurs. La terre est couverte d'herbe. Une grande joie règne sur la terre. Les hommes se livrent à la danse et interrogent l'avenir selon les rites. L'Aïeul de tous les sages prend part lui-même à la glorification du Printemps. On l'amène pour l'unir à

---

1 - Voir Annexe 2-1 page 122

la terre abondante et superbe. Chacun piétine la terre avec extase. Voici les titres donnés à chacune des danses du Sacre du printemps :

Deuxième tableau : Le Sacrifice.

Introduction - Cercles mystérieux des adolescentes - Glorification de l'élue - Évocation des ancêtres - Action rituelle des ancêtres - Danse sacrale.

« *Après le jour, après minuit. Sur les collines sont les pierres consacrées. Les adolescentes mènent les jeux mythiques et cherchent la grande voie. On glorifie, on acclame celle qui fut désignée pour être livrée aux Dieux. On appelle les Aïeux, témoins vénérés. Et les sages aïeux des hommes contemplent le sacrifice. C'est ainsi qu'on sacrifie à Larilo, le magnifique, le flamboyant (dans la mythologie slave, Larilo est le dieu de la nature).* »

Chacun connaît les circonstances de cette tumultueuse et controversée création, révolutionnaire, à bien des égards. La presse ne vit alors que cacophonie insupportable, raideur, laideur et propos abscons...

Un siècle plus tard, la tentation est forte de penser qu'avec Nijinski, Béjart et Pina Bausch tout a été dit.

Et puis...

À l'écoute de la prestigieuse et mythique partition, à la lecture des écrits laissés par les protagonistes de ce Sacre, se découvre un formidable message d'encouragement à imaginer, à créer, à bousculer la norme pour rester dans la ligne de pensée de ce trio d'exception : Diaghilev-Stravinsky-Nijinsky.

Le premier nommé a laissé ce qui résonne comme un perpétuel défi aux générations futures : « Étonnez-moi ! ».

Nijinski récuse les bases sacrées de la danse classique et l'on put constater qu'il y eut de facto un « avant » et un « après » ce Sacre.

Le plus incitatif à se confronter à notre propre vision, c'est le compositeur lui-même.

En effet, avant d'en écrire la première note et alors qu'il travaille encore à son *Oiseau de feu*, Igor Stravinski est « visité » par son futur chef-d'oeuvre.

Des années plus tard il évoquera cette « vision » dans ses *Chroniques* : « *J'entrevis dans mon imagination le spectacle d'un grand rite sacral païen...* ». C'est, de fait, cette « vision rituelle » qui impressionne tellement les contemporains :

« *... Il (Nijinski) a ouvert la route à bien d'autres tentatives, il fait bloc avec un esprit moderne postérieur à lui. Il a fait leur place à l'instinct primitif et à l'expression du sentiment dans son absolu. Cela va loin, jusqu'à la découverte des folklores nègres, indiens et les danses d'initiation... J'avoue avoir éprouvé quelque trouble au premier jour. Tout cela était si nouveau et nous échappait... Depuis,* *les premières traversées de l'Afrique n'ont fait que justifier l'audace, alors insupportable à beaucoup, des sauvages accents du Sacre. ».*

À l'évidence, ce XXIe siècle se veut religieux, parfois même dans une acception des plus regrettables, comme pour l'exemple, les excès, les intégrismes que l'on voit se développer ici ou là.

Par ailleurs, jamais l'homme n'a su organiser plus larges, plus universelles célébrations laïques à l'instar, des cérémonies d'ouverture des Jeux olympiques, de la Coupe du Monde de football pour lesquelles on parle bien de « communion universelle ».

Dans l'esprit, c'est un peu tout cela qui oriente notre vision du Sacre : Une célébration rituelle, universelle dansée et animée du plus fervent paganisme. Pour la forme, nous évoquions récemment le rôle des accents dans le langage parlé comme témoins de nos origines. Le parallèle avec la danse est un lieu commun : la syntaxe est chorégraphie dont les mots sont les pas.

Mais, si dans sa danse, la langue maternelle est classique, l'accent originel yoruba devra venir comme une enluminure, enrichir, colorer le propos du chorégraphe.

D'ailleurs, cette liberté dont le seul impératif serait la musicalité, nous est donnée par Stravinski lui-même qui, prenant par la suite quelques distances avec la chorégraphie originale écrit ceci :

« L'impression générale que j'ai eue alors, et que je garde jusqu'à présent de cette chorégraphie, c'est l'inconscience avec laquelle elle a été faite par Nijinski. On y voyait tellement son incapacité à assimiler et à s'approprier les idées révolutionnaires qui constituaient le credo de Diaghilev et qui lui étaient obstinément et laborieusement inculquées par celui-ci. On discernait dans cette chorégraphie un très pénible effort sans aboutissements plutôt qu'une réalisation plastique simple et naturelle découlant des commandements de la musique ».

L'esprit du projet.

Avant tout, conserver l'esprit de la partition, cette célébration d'un rite païen universel qui pourrait - pour rendre hommage au Maître Maurice Béjart - se donner comme une nouvelle *Messe pour le temps présent*...

S'il fallait trouver l'illustration du chemin à suivre, ce serait celle d'une évocation impressionniste ; celle qui note de fugitives impressions plutôt que d'exposer l'aspect stable et conceptuel des choses.

Suggérer, ouvrir des horizons et les thèmes les plus universels sans jamais rien imposer, en laissant transpirer ici ou là, l'africanité des racines yoruba du chorégraphe, mais également, les croyances et rites transversaux aux civilisations et aux croyances.

Écrire une fable contemporaine illustrative de la société violente de ce début de XXIᵉ siècle dans une forme d'expression tenant à la fois du rituel, de la transe païenne ou sacrale en puisant aux sources mêmes du Sacre : la Terre et l'Eau dans ce qu'elles ont de plus noble.

L'une nourricière, l'autre source de vie, qui se mélangeant forment la Boue, parfaite image de la déchéance et de l'avilissement.

Les personnages.

« Downsiders ».

Ils seront ici les porte-voix des asservis, des « intouchables », des migrants de la misère et de la faim qui viennent s'écraser sur les barbelés de Mélilia.

Ils seront ces « taupes » qui tentent de survivre dans les égouts de Vegas, de Bucarest, de Bogota ou d'ailleurs.

Ils seront ces miséreux de tous pays, rançonnés et bastonnés par des « macoutes » sans foi ni loi.

Par l'expression chorégraphique, ils deviennent une forme d'archétype de l'oppression, de la misère sous toutes ses formes.

Ils se découvrent « communauté », prennent conscience d'un collectif fort dans l'union.

Ils ne sont rien, mais ils sont fiers.

Ils n'ont rien, mais ils sont dignes.

Ils sont primitifs, mais jamais primaires.

Ils ont le bon sens intelligent des « gens de la terre ».

Parmi eux, le « *One and One is One* ».

Un double inséparable, des siamois autonomes, mais jamais indépendants.

Un être troublant, fascinant, ambigu...

Est-il de nature fraternelle, incestueuse, autoérotique ? Sans doute tout cela à la fois.

La « gémellité parfaite » ![1]

Ce phénomène fascine toutes les civilisations et plus particulièrement les

---

1 - Voir Annexe 2-2 page 122

Yorubas qui nomment les jumeaux, ***Ibéji***.[1] Selon le regard porté sur eux, ils sont à exterminer ou à élever au rang de divinité.

Par delà ses racines africaines, notre Ibéji est une sorte de messie universel.
Il est Jésus venu pour le salut de l'âme de ses fidèles.
Il est Moïse qui ne peut rester en Égypte, car il doit conduire son peuple vers la Terre promise.
Il est aussi le *Bodhisattva*[2] sanskrit. Celui qui, humain ou divin, a atteint une telle élévation spirituelle qu'il devrait être à jamais libéré des contingences existentielles et atteindre le Nirvana. Pourtant, il n'y entrera que plus tard, car il a fait le vœu de veiller sur ses congénères et de les protéger tel un ange gardien avant que de penser à son propre Salut.
Enfin dans la légende, à l'instar de notre Ibéji, le *Bodhisattva* est doté d'une « puissance » personnifiée sous la forme d'une femme dont il devient inséparable.

« Upsiders ».

Reprenons une définition issue de la société yoruba : Les **Songyes**, une société qui fonctionne comme un organe de contrôle au service de l'élite dirigeante. Elle aide les autorités à maintenir leur pouvoir économique et politique. Les dirigeants n'ont aucun scrupule à faire appel aux forces surnaturelles sous forme de magie ou de sorcellerie.
Ils ne sont en fait que des nantis, des gourous, de faux prophètes, des imposteurs et des manipulateurs de tous ordres, voire même de tous ordres sectaires.

Argument.

Un espace intemporel, comportant plusieurs niveaux. Des ténèbres vers la lumière.
Peu à peu, du néant émerge et se forme *l'Ibéji* – un être duel, à la fois homme et femme. Il sort de nulle part, du ventre de païennes catacombes. Il a la prescience de son extraordinaire Destin, il connaît sa mission, il sait parfaitement ce pour quoi il « est ».
Tout au long du ballet, il grandira dans cet irréversible parcours initiatique, salvateur de son peuple.
En effet, il est un *Downsider*, de ce monde obscur où misère et désespérance

---

1 - Voir Annexe 2-2a page 123
2 - Voir Annexe 2-3 page 124

font le lit des gourous et des faux prophètes et des dictateurs. Il sera leur espoir.

C'est lui qui va leur redonner la foi en leurs valeurs intrinsèques, la Foi en eux-mêmes dans laquelle ils vont puiser la force de **résister**. Grâce à *l'Ibéji*, ils prennent conscience de la puissance du collectif.

Car de fait, ils sont confrontés à la convoitise, la soif du pouvoir, de la conquête, de la « bien-pensance » des *Upsiders*, ceux qui savent et veulent imposer leur civilisation – la seule qui vaille –.

Face à ces agressions, ils opposent la spiritualité retrouvée en procédant à l'ancestrale Cérémonie de la Boue[1] sur *l'Ibéji* qui, à l'instar de Salomé, va par sa danse exprimer toute sa grâce magnétique et son irrésistible séduction.

« Ceux d'en haut » seront contraints de se rendre à l'évidence : Les *Downsiders* ont trouvé une force nouvelle, leur propre destin. Alors que danse *l'Ibéji* se produit un phénomène que l'on appelle la *pluie merveilleuse*[2] ou *pluie de sang*. N'en connaissant pas les explications rationnelles et scientifiques, tous y voient LE signe et, bouleversés, enivrés ils communient dans la célébration de la Vie nouvelle.

Synopsis.

I - Révélation des « Downsiders ».
Introduction. - *L'Ibéji puis les Downsiders.*

Une faible lueur tombe des cintres. On distingue un être duel, étrange, à la fois homme et femme, la gémellité poussée à la perfection : L'Ibéji. Plus proche des Dieux que des humains, il pressent son destin fatal dans une acceptation rendue sereine, puisque porteuse du salut de son peuple. À sa suite, de partout sortent des êtres dépenaillés, apeurés, sans doute affamés, comme s'ils revenaient d'un pénible isolement, d'une douloureuse hibernation.

II - Fête de l'Union.
Les augures printaniers. - *Les Downsiders.*

Ils expriment le bonheur de se retrouver, de ne plus être seuls, mais protégés par l'Ibéji.

III - « Upsiders ».
Danse des adolescentes - Jeu du rapt. - *Les Upsiders.*

---

1 - Voir Annexe 2-4 et 5 page 124
2 - Voir Annexe 2-6 page 125

Irruption quasi militaire des « Upsiders ». Par une danse guerrière, ils font une véritable démonstration de force visant à intimider les Downsiders. S'ils ne font que passer, les Upsiders promettent de revenir imposer leur loi...

IV – Intronisation de l'Ibéji.
Rondes printanières. - *L'Ibéji.*

Danse incantatoire de l'Ibéji qui, non seulement accepte le sacrifice pour le bien de tous, mais fait corps et âme avec ce Destin en marche.

V – Action de grâce.
Jeu des cités rivales. - *Les Downsiders.*

Restés seuls, les Downsiders, rendant hommage et jurant fidélité à l'Ibéji, décident d'affronter l'envahisseur.

VI - Invasion et résistance.
Cortège du Sage - L'Adoration de la Terre (Le Sage) - Danse de la terre. - *Tous.*

Les Upsiders rôdent toujours cherchant à circonvenir quelques Downsiders qui pourraient entraîner les autres. Mais, ces derniers ont désormais pris conscience de la force et du trouble que ressentent les étrangers en la présence de l'Ibéji.

Si tous dansent, on distingue bien deux groupes et deux incommunicabilités totales.

VII - Grâces rendues à l'Ibéji.
Introduction – Cercles mystérieux des adolescentes. - *L'Ibéji et tous les Downsiders.*

Le danger semble momentanément écarté, la communauté célèbre ces instants de sérénité. Ils doivent commencer à préparer l'intronisation de l'Ibéji par la très prochaine Cérémonie de la Boue.

VII – Le défi.
Glorification de l'élue. - *Tous.*

C'est le retour des Upsiders, sous le regard attentif des Downsiders qui entourent l'Ibéji. Les deux groupes s'observent à distance. Tandis que dansent les étrangers, les Downsiders entourent l'Ibéji pour procéder à la Cérémonie de la boue, symbole de repentance, mais également de fécondité et d'espoir. Ils enduisent l'Ibéji dans un lent et beau cérémonial. (*)

(*) Ceci pourrait avoir lieu dans un second plan délimité par une lumière chaude, contrastant avec celle qui éclaire la danse des Upsiders. Pourquoi pas derrière un tulle? Des maquilleuses habillées en Downsiders pourraient se livrer à un véritable travail de peinture sur les corps.

VIII – Rédemption.
Évocation des ancêtres – Action rituelle des ancêtres. - *L'Ibéji*.

L'Ibéji, sauvage et martial - à l'instar de la partition - fait toute la démonstration d'une puissance mécanique saisissante et s'impose à tous comme l'image de la jeunesse et de la beauté.

Mais, par une sereine conscience de l'aboutissement du sacrifice originel, IL puise ainsi dans les forces obscures de ses racines, des lois et des rites ancestraux.

Tandis qu'au centre, dans une sorte de rond de lumière, l'Ibéji semble s'isoler de plus en plus pour entrer dans une forme de transe mystique, aux mouvements répétés et à peine perceptibles, qui devront s'amplifier dans la danse sacrale finale.

IX – La pluie merveilleuse.
Danse sacrale. - *Tous*.

Dans la suite de ce qui précède, toujours au centre de la scène, le mouvement de l'Ibéji prend de l'ampleur, tandis que la « pluie merveilleuse » commence à tomber, jetant le trouble sur tous.

Plus elle tombe et plus la danse devient violente, les Downsiders commencent eux aussi à danser, certains qu'il s'agit là de la révélation du caractère divin de l'Ibéji. Ils sont bientôt rejoints par un, puis deux, puis par tous des Upsiders apeurés, désormais certains du pouvoir de l'Étrange. Tous s'unissent dans une ivresse collective et spontanée.[1]

The Farewell Waltz

Pour Isabelle Guérin et Manuel Legris...
Dramaturgie et livret de Jean-François Vazelle
Sur une idée de Jean-Marie Didière de l'Opéra de Paris
Chorégraphie de Patrick De Bana
Création mondiale le 8 août 2014 au Grand Théâtre de Shanghaï - Chine

Intention.

Qu'est-ce qui poussa Edmond Rostand à écrire et faire jouer L'*Aiglon* par Sarah Bernhardt ?
Qu'est-ce qui amena Jean Vilar à confier le rôle du *Cid* à Gérard Philippe ?
À chaque fois la réponse est la même : Rien sinon l'évidence !

---

1 - Voir Annexe 2-7 page 125

De la même façon, évoquant avec mon ami et complice Jean-Marie Didière, l'idée de créer un pas de deux évoquant la liaison aussi curieuse, tumultueuse que passionnante entre George Sand et Frédéric Chopin, il était évident, que ce ne pouvait être qu'Isabelle Guérin et Manuel Legris. Si ce dernier possède toute la délicate aristocratie du compositeur, la « divine » Isabelle est bien loin du physique peu gracieux de la femme de lettres...

En tout état de cause, loin de nous, l'idée de « reconstituer » ce couple dans ce qu'il pouvait avoir de physique, de matériel, de quotidien.

La lecture des correspondances de l'un et de l'autre bat en brèche, l'idée trop souvent reçue, du couple romantique. Le constat est implacable : un naufrage !

Dresser le portrait de ces deux êtres d'exception, tels qu'ils se révèlent dans les lettres échangées, entre eux ou avec des tiers, permettra de mieux appréhender la complexité de la relation.

George, elle est à la fois féministe, provocatrice, idéaliste engagée, grande amoureuse, on lui prête des liaisons célèbres et scandaleuses, elle s'affiche fumant le cigare dans des vêtements d'homme, imposant aux yeux de tous une ambiguïté sexuelle comme une arme de progressisme social.

Davantage Don Juan que véritable amoureuse... Parce qu'il a du talent, parce qu'il est beau, parce qu'il se refuse, alors elle doit vaincre. Sincère dans l'instant, le fiasco des rapports physiques la met rapidement devant la réalité. Alors, elle se divertit ailleurs, mais entretient la relation au cas où...

George Sand est certes sensible et douce, mais elle est une femme de caractère ; jamais et à aucun moment, la victime de ses amants. Lassée de n'être finalement qu'une mère de substitution, une garde-malade ; elle va s'éloigner sans avoir le courage de le lui dire et l'abandonner à son triste sort, à sa maladie. Soucieuse de son image, elle se servira de la brouille avec sa fille Solange, soutenue (et peut-être aimée) par Chopin, qui lui offre le rôle de l'amante blessée dans sa dignité, celui d'une femme généreuse frappée par l'ingratitude de son jeune amant... Elle le sait seul, mais n'aura aucune compassion, si ce n'est une visite rapide (ou rencontre fortuite), pour le « qu'en-dira-t-on ».

Frédéric, une âme d'élite, un esprit charmant, enjoué aux heures où la torture physique lui laissait quelque répit. Une distinction innée, des manières exquises. Sublime et mélancolique génie ! La droiture, l'honnêteté la plus pure, la délicatesse la plus fine. La modestie de bon goût, le désintéressement, la générosité, le dévouement immuable. Néanmoins, Chopin a un caractère difficile, égocentrique et instable. Sans doute blessé de n'avoir pu épouser Maria Wodzinska, Frédéric ne cessa de fantasmer son amour pour elle à qui il dédicacera cette valse opus 69, qu'elle intitula elle-même, *Valse de l'Adieu*. Pour la petite histoire, Chopin la lui joua et lui remit la partition. Marie quant à elle, remit à Chopin une rose (rose qu'il garda jusqu'à la fin de sa vie). Lorsque survient la maladie, son caractère devient insupportable. En dépit des nombreux écrits sur la vie de Chopin, Frédéric demeure d'une certaine façon un mystère. Les historiens les plus sérieux sont réservés quant à l'identité sexuelle du compositeur. Le plus probable serait qu'il ait eu peu d'appétence pour la chose sexuelle... Toutefois, la très longue correspondance qu'il entretient avec son ami Tytus, atteste de sentiments amoureux évidents, et d'un mal de vivre qu'il n'aurait pu exprimer lorsqu'il lui écrit : « Il est insupportable, quand quelque chose vous pèse, de ne pouvoir se décharger de son fardeau ».

Le couple tel que les écrits nous le révèle...

« Qu'elle est antipathique, cette Sand ! Est-ce bien une femme ? J'arrive à en douter », dit Chopin à son ami Frédéric Hiller.

« *Pour le recevoir, elle va même accepter de sacrifier ses habitudes, renonce à s'habiller en homme et abandonne le pantalon pour une robe.* » - « *Sand a littéralement été obligée de violer Chopin. Le premier rapport physique, il ne l'a pas souhaité, il n'est absolument pas attiré par Sand, mais il n'a pas la force de résister : « J'ai été obligé de faire mon devoir ! »* » - « *Sand joue le rôle du mâle protecteur, Chopin celui de la femme protégée...* » - « *À l'été 1847, Frédéric est bien seul à Paris. Privé de son séjour à Nohant, il ne compose plus, sa santé se détériore, il a des accès de fièvre et tousse beaucoup.* »

Michel Larivière, historien.

« *Ce M. Chopin, est-ce une jeune fille ?* »
« *Pour vous, je dépose à vos pieds mon cigare et mon coeur.* »
« *Oh ! la répugnance de Chopette pour le corps féminin ! J'avais l'impression de coucher avec un cadavre !* »
« *Il y a sept ans que je vis avec Chopette comme avec une vierge.* »
« *L'ange au beau visage, semblable à une grande femme triste, ne peut franchir le pas entre une profonde amitié et un acte charnel avec une femme.* »

« Chopin est un ange, il a fait à Majorque, étant malade à en mourir, de la musique qui sentait le paradis… »

George Sand.

« Maintenant, je suis semblable à un champignon qui t'empoisonne quand tu le déterres et que tu le goûtes. » - *« Sept années, c'était trop ! »*

Frederick Chopin.

« Tu t'es crue ma maîtresse, tu n'étais que ma mère… »

Alfred de Musset

In fine : Farewell Waltz.

Le projet tel que décrit précédemment était abouti ; ne restait plus à Patrick De Bana qu'à rencontrer ses interprètes et entrer en studio… Et là, bien évidemment rien ne se passe pas comme prévu.

Dès les premières répétitions, je prenais conscience que la réunion des deux « Monstres » Guérin-Legris et la confrontation aux exigences de Patrick allaient « mettre à mal » mon intention !

Le huis clos du studio, la puissance dramatique des deux danseurs le ressenti du chorégraphe… Et la narration linéaire telle que je l'avais conçue vole en éclats et cède le pas à une aventure qui touche à l'intime de chacun et aux forces conjuguées de tous. Ainsi, toute référence historique disparaît, les personnages de Sand et de Chopin, dans ce qu'ils ont de charnel, font place à une abstraction puissante, comme si Patrick De Bana avait voulu ne retenir que la substantifique essence, que l'intense émanation douloureuse de ce couple qui devient ainsi universel.

Isabelle Guérin se révèle une tragédienne puissante qui donne à son personnage toutes les couleurs de la fatalité, suggérant plus que ne démontrant… Manuel Legris, dont on connaît la force et le brio, crée ici un amant désespéré, totalement aux mains de son implacable maîtresse.

Patrick de Bana a fait de *Farewell Waltz*, un moment intemporel dans la vie de ces amants qui ne se supportent plus, mais ne peuvent, pour autant, envisager de se séparer. En fait, il n'a retenu que l'essentiel, l'universel de mon histoire, et permis ainsi à Isabelle et Manuel de donner à ce couple unique, une force dramatique rare, sans référence ni contrainte, mais tellement humaine, qui parle au plus intime de chacun.

Comme, je le disais plus haut, le résultat n'a rien à voir avec le projet et pourtant tout y est ! Les forces conjuguées de Patrick de Bana, d'Isabelle

Guérin, et de Manuel Legris ont permis de transcender mon histoire dans le sens le plus élevé. Parodiant Henri Bergson, je dirais : si la danse est un art et non pas simplement un exercice, il faut qu'elle transcende les concepts pour arriver à l'intuition.

Echoes of Eternity
Chorégraphie de Patrick De Bana assisté par Jean-Marie Didière et Attila Bako
Dramaturgie et livret de Jean-François Vazelle inspiré par The ballad of Endless Woe de Bai Juhi et Le Palais de l'Éternelle Jeunesse de Hong Sheng, transcrit par Teng Jianmin.
Scénographie de Jaya Ibrahim
Costumes de Agnès Letestu
Création lumières James Angot
Création par le Shanghaï Ballet au Shanghaï Grand Theatre le 30 juillet 2015

Note d'intention.

Visiter une légende aussi importante de la culture chinoise est une véritable gageure pour des Occidentaux. Aussi faut-il l'aborder avec modestie et respect, pour trouver ce qu'elle a d'universel et, finalement, d'intemporel.

Ming Huang n'est pas un vrai héros cornélien, dans la mesure où, lorsqu'il rencontre la belle Yang Yuhuan, il s'est déjà détourné du pouvoir. Même si plus tard, il l'incarnera parfaitement puisqu'il sacrifiera son amour à la raison d'État.

L'histoire devient alors une véritable tragédie classique au sens de Roméo et Juliette ou de Andromaque. Ming, ce héros, tourmenté, déchiré, et dont le destin est irrémédiablement tragique.

Marc Bloch (1886-1944) écrivait : « *Il est nécessaire de connaître le passé pour comprendre le présent, mais la connaissance de l'actualité permet aussi de mieux comprendre le passé.* »

C'est notre volonté que de présenter un ballet, inscrit dans la nuit des temps, qui parle et touche les spectateurs d'aujourd'hui en leur permettant de percevoir ce que ce drame amoureux a de contemporain et leur parle au plus profond d'eux-mêmes.

Une fois, entré dans la compréhension du texte, il impose sa force, son rythme, son phrasé et nous oriente vers la forme d'un long poème dansé.

« *L'histoire, ce témoin des siècles, cette lumière de la Vérité,
cette vie de la mémoire, cette maîtresse de la Vie…* »

Cicéron (106-43 av. J.-C.)

LE BALLET.

Je tiens ici à exprimer mes plus sincères remerciements, à madame Lihong YE pour son aide, ses conseils rassurants et « les clés » ouvrant à l'Occidental les portes de la légende chinoise... La faire mienne sans la trahir une seule fois.

Les personnages.
Ming Huang, l'Empereur.
Lady Yang Yuhuan, Première concubine impériale.
Altaïr, The lady of the Moon.
Les deux servantes principales de Yang Yuhuan / *Les principales déesses* de la Lune.
Gao Lishi, eunuque homme de confiance de l'Empereur.
Le général Chen, chef de la garde impériale.
Les gardes impériaux.
Le général An Lushan, traître à l'Empereur, chef des rebelles.
Les rebelles.
Les concubines / les déesses de la Lune.

Prologue.

Altaïr (Déesse de la Lune) apparaît. En sa présence, chacun prend conscience de son destin.

Tableau 1.

Lady Yuan et ses deux servantes se préparent pour la fête.
Entrée de la garde impériale puis des eunuques suivis des concubines.
Entrée de l'Empereur accompagné de Gao Lishi.
Plusieurs danses s'organisent, chacun veut honorer l'Empereur.

À peine a-t-il aperçu Lady Yuan que l'Empereur succombe à son charme et la choisit pour la nuit. Il l'entraîne à l'écart pour lui déclarer son amour. Ming et Lady Yang sortent dans le jardin. Yang lui rappelle la légende de Vega et Altaïr :

Le Bouvier et la Fileuse.

Les soirs d'été, lorsque la brise souffle légèrement, on peut voir les deux étoiles les plus lumineuses du ciel, sur les rives de la Voie lactée, tels deux amoureux qui se regardent de part et d'autre d'un fleuve.
Dans la Chine antique il y avait une légende selon laquelle, les deux étoiles sont le mari et la femme. L'une s'appelle Vega (ce qui signifie en chinois « l'étoile de la tisserande »), l'autre s'appelle Altaïr (en chinois : l'étoile du Bouvier). Séparés par ces eaux, les deux êtres ne pouvaient que se regarder. L'Empereur Céleste finit par leur permettre de se retrouver une fois par an. Depuis, chaque année, le septième jour du septième mois du calendrier lunaire, les pies célestes forment une passerelle provisoire qui leur permet de se rejoindre. » Ce jour est devenu la Fête des amoureux.

Le récit terminé, Yang demande à l'Empereur de prêter serment : sera-t-il fidèle comme Vega et l'aimera-t-il pour toujours ? L'Empereur promet. Sous le clair de Lune, les deux amants joyeux et tendres s'abandonnent à leur félicité.

À cet instant, Altaïr fait son apparition et vient ainsi sceller le pacte des amoureux.

L'empereur entraîne Lady Yuan : il se doit de rejoindre la cour réunie pour célébrer son anniversaire, avant que la fête ne se termine.

Dans cette ambiance festive, An Lushan fait tout pour approcher l'Empereur, tandis que le général Chen tente de l'en empêcher.

Une vive altercation survient entre les deux protagonistes, tandis que la fête se termine et que les invités quittent la salle.

Restés seuls, An Lushan et le général en viennent aux mains.

Au bruit de la lutte, L'Empereur entre, demande les raisons d'un tel désordre et, tandis qu'il regagne ses appartements, leur ordonne de se calmer. Le combat continue alors que les gardes impériaux arrivent pour donner main-forte à leur chef.

Excédé par le bruit, l'Empereur revient pour mettre un terme à tout cela.

Ivre de colère, An Lushan porte la main sur Ming.

À l'écart, Altaïr ressent le malaise d'une issue fatale ; tandis que An Lushan s'enfuit jurant à tous sa vengeance.

Resté seul, pour la première fois de son existence, l'Empereur prend conscience de sa vulnérabilité. L'arrivée du fidèle et rassurant Gao Lishi n'y changera rien !

Tableau 2.

Les rumeurs d'une révolte d'An Lushan étant parvenues aux oreilles de Ming, celui-ci décide de partir avec sa cour au Sichuan.

Malgré ses tourments politiques, Ming est plein d'attention pour Lady Yuan, tandis que sur le terrain la bataille fait rage.

À quelque temps de là, Chen arrive tremblant, avouant qu'il a désormais perdu le contrôle de l'armée et qu'en outre, An Lushan et les révoltés demandent la tête de Lady Yuhuan.

Ming refuse de livrer son amour.

Sous les yeux d'Altaïr et sa protection, Lady Yuhuan remercie Ming pour l'amour qu'il lui a donné et le somme de faire passer l'intérêt de l'empire avant leurs intérêts particuliers.

Elle est prête pour le sacrifice.

L'Empereur est effondré, il dit adieu une dernière fois à Lady Yuan en renouvelant son serment d'amour pour l'éternité.

Gao Lishi assiste impuissant au sacrifice de Lady Huang.

Submergé par la douleur, Ming est terrassé par le chagrin tandis qu'Altaïr entraîne Lady Yuan vers son royaume éternel où ils seront réunis pour toujours.

Le Corsaire

Musiques : Adolphe Adam, Cesare Pugni, Alexandre Korenblit, Pierre Gueorguievitch d'Oldenbourg, Riccardo Drigo, Yuri Gerber, Boris Aleksandrovich Fitingof-Shel, Léo Delibes
Chorégraphie de Manuel Legris *d'après Marius Petipa*
Décors et costumes de Luisa Spinatelli
Livret et dramaturgie de Manuel Legris et Jean-François Vazelle
d'après lord Byron, Jules-Henry Vernoy de Saint-Georges et Joseph Mazilier,
arrangements musicaux Thomas Heinisch et Gabor Kereny
Lumières de Marion Hewlett

Création au Wiener StaatsBallett le 20 mars 2016
Reprise à L'Opéra National de Lituanie – Vilnius le 27 avril 2018
Reprise à l'Opéra National Narodowa de Varsovie le 17 septembre 2020

Distribution de la création :

Conrad : Robert Gabdullin - Médora : Maria Yakovleva - Gulnare : Liudmila Konovalova - Lanquedem : Kirill Kourlaev - Birbanto : Davide Dato - Zulméa : Alice Firenze - Trois odalisques : Natasha Mair, Nina Tonoli, Prisca Zeisel

Présentation.

Je connaissais ce projet de Manuel Legris bien avant qu'il ne me proposât d'y participer.

Enthousiaste dès l'abord, je ne pouvais tout de même écarter ce que l'on entend souvent affirmer : il ne faut pas toucher au patrimoine, en l'espèce aux Grands Classiques ; ou au mieux, qu'il faut être inconscient ou très audacieux.

Pourtant, de plus en plus de chorégraphes contemporains - (au sens littéral : Qui appartient au temps présent.) - aiment à se confronter aux grands ballets du répertoire.

Je pense que, mises bout à bout, ces relectures forment une chaine qui remonte le temps, qui permet de se reconnecter avec l'œuvre originelle et son époque.

Il n'est alors plus question de simplement connaître ces références, mais de les vivre en direct, et d'analyser l'évolution de l'héritage... Ainsi, le patrimoine se donne à comprendre, à savourer au présent.

En ce qui concerne cette production nouvelle du *Corsaire*, je crois pouvoir témoigner que l'ambition de Manuel Legris ne m'est apparue à aucun moment comme une démarche ego centrée, mais résolument altruiste, tournée vers « son » ballet, celui de l'Opéra de Vienne.

De fait, Vienne est géographiquement située au carrefour des deux grandes écoles, la Russe et la Française, dont les échanges furent innombrables.

Le Corsaire en est un bon exemple. En effet, Joseph Mazilier fait cette création à l'Opéra de Paris avant que Jules Perrot et Marius Petipa, les deux plus célèbres Français du ballet russe ne présentent leurs propres versions.

Dans cette droite ligne, il me paraissait assez naturel, qu'après cinq années passées à la tête du ballet de l'Opéra de Vienne, Le Danseur, archétype du classicisme français, veuille d'une certaine façon, faire un bilan du chemin parcouru.

Et puis Manuel me fit la proposition de rejoindre le projet.

Un honneur, une inestimable confiance, mais aussi l'angoisse de ne la décevoir en aucune façon.

Je me plongeais donc dans cet univers, revenais aux sources, m'imprégnant du magnifique Corsaire de lord Byron, découvrant le livret de la création...

Dès notre première réunion de travail, Manuel savait exactement la direction qu'il souhaitait prendre : « *...un Corsaire, aussi proche que possible de lord Byron, au moins dans l'esprit, baignant dans cet orientalisme opulent, riche de couleurs chaudes telles qu'en témoignent les épisodes peints par Eugène Delacroix. Pour la forme, une histoire simple, authentique, logique et accessible à tous.* ».

Fort de cela, je me mettais au travail essayant de trouver le mot juste pour chacune des situations. Mais, en l'espèce, le librettiste n'est rien sans le souffle du projet chorégraphique. Ce fut donc une collaboration étroite aussi passionnée, exigeante qu'enrichissante.

Lorsque je doutais, ou craignais de trahir la pensée de Manuel, je repensais à Rudolf Noureev :

« *The way to bring an old choreography to life is to rediscover a motivation for each movement; without that, there can be no truth.* »

« *To be truth* » ! Voilà bien le mot d'ordre : dans le respect de la tradition, présenter une danse classique de notre temps mettant en valeurs les qualités artistiques du ballet et des solistes et enfin, si cette relecture peut inciter le public à découvrir davantage des personnages et de la danse, alors il fallait le faire.

LE BALLET

Les personnages.

Conrad, Le Corsaire - *Birbanto*, lieutenant de Conrad - *Lanquedem*, Maître du Grand Bazar puis Agha (chef) du harem de Seyd-Pasha - *Seyd-Pasha*, le pacha – *Medora et Gulnare*, deux jeunes filles nobles, *Zulméa*, fille d'un riche marchand, la servante de *Lanquedem*, les amies de Medora et Gulnare, les corsaires, les hommes de *Lanquedem*, les femmes des corsaires

ACTE I.

Prologue sur la plage.

Au terme d'une campagne fructueuse, Conrad, Birbanto, son lieutenant et leurs corsaires approchent du rivage. Sur le bord de mer, Lanquedem entouré de ses sbires est à la recherche des nouvelles esclaves. Il sait, en effet, que d'imprudentes jeunes femmes de la ville ennemie voisine viennent s'y promener. De fait, à peine se sont-ils mis à l'affût, que les insouciantes font leur apparition, emmenées par les nobles Medora et Gulnare. Très vite, elles sont entourées, maîtrisées.

En expert qu'il est, Lanquedem choisit Medora et Gulnare, négligeant les autres. Sous escorte, les deux belles sont entraînées vers le Bazar.

Le Bazar.

Parmi les échoppes hautes en couleur, une foule nombreuse vaque à ses occupations quand arrivent Lanquedem et ses deux prisonnières. Convaincu de la flamboyante beauté de Gulnare, Lanquedem la confie à sa servante pour parfaire sa présentation tandis que Medora rejoint les autres esclaves.

Mais voilà qu'un nouvel événement anime le marché : l'arrivée de Conrad, Birbanto et les corsaires. Zulméa, fille d'un riche marchand, jette rapidement son dévolu sur un Birbanto bien vite acquis…

Lanquedem interpelle Conrad et lui propose de découvrir ses esclaves. Celui-ci est visiblement peu intéressé par ce qu'il voit, alors Lanquedem fait entrer Medora. À l'évidence, le coup de foudre est réciproque ! Lanquedem réalise qu'il tient à son client ! Il écarte la belle et annonce au Corsaire qu'il peut avoir Medora. Mais qu'elle à un prix ! Conrad, prêt à tout, veut conclure, mais Seyd-Pasha fait son entrée. Lanquedem se ravise, le pacha pourrait s'avérer un meilleur parti. Il confie Medora à sa servante.

Lanquedem accueille Seyd-Pasha avec tous les égards, et connaissant ses faiblesses, il lui présente les esclaves. Devant son peu d'enthousiasme, Lanquedem fait, tout d'abord entrer Gulnare dont Seyd-Pasha découvre les charmes. Finalement conquis, il l'achète et, tandis qu'il s'apprête à partir, Lanquedem le convainc de patienter quelques instants encore. Le pacha est conquis : Medora est amenée, parée de ses plus beaux atours. Medora, contrainte de danser pour le Pacha, semble l'ignorer et déploie tous ses charmes à l'adresse de Conrad. Seyd-Pasha veut également s'attacher les services de Medora ; il fait une offre à Lanquedem. Tandis que les deux hommes entament leur marchandage, Conrad déclare son amour à une Medora inquiète par la transaction dont elle est l'objet.

Le Corsaire la rassure : elle partira avec lui et personne d'autre ! Avant qu'il n'ait pu faire quoi que ce soit, le marché se conclut et Seyd-Pasha pacha quitte les lieux avec Gulnare et Medora, ses deux nouvelles esclaves.

Conrad, bien décidé à reprendre sa bien-aimée demande à ses hommes de l'attendre et de se tenir prêts. Il part à la recherche de Medora. Les corsaires, confiants en la puissance de leur chef, se lancent dans une danse effrénée bientôt interrompue par son retour et celui de Medora retrouvée. Un coup de feu retentit, Conrad donne ainsi le signal du départ. Birbanto veille à ce que les corsaires capturent Lanquedem et les esclaves, il est rejoint par Zulméa, tous s'enfuient.

Conrad ne peut accepter cela. Il rassemble ses hommes et leur ordonne de préparer un enlèvement.

ACTE II.

Le repaire des corsaires.

Dans le repaire sont entassées les richesses accumulées au fil des campagnes. Les femmes des corsaires y attendent le retour de leurs compagnons. Conrad et Medora arrivent ; elles les accueillent chaleureusement et s'enquièrent du sort de leurs amis. Il les rassure : les corsaires sont en chemin.

Leur premier moment d'intimité passé, Medora demande à Conrad de s'isoler quelques instants.

Peu de temps après, tous sont de retour. Les esclaves et Lanquedem sont mis à l'écart tandis que, hommes et femmes célèbrent leurs retrouvailles. Ils sont bientôt rejoints par Conrad et Medora.

Le Corsaire présente à tous son nouvel amour. Médora, profitant de ce moment, le supplie de libérer toutes les esclaves. Qu'il en soit ainsi, Conrad intime l'ordre à Birbanto de satisfaire ce souhait.

Celui-ci conteste : pourquoi renoncer aux esclaves ? La volonté de Medora est plus forte que tout, Conrad reste inflexible et ordonne leur libération immédiate. Birbanto furieux obtempère, il jure de se venger. Témoin de l'affaire, Lanquedem s'approche de Birbanto et se propose de l'aider. Surpris, Birbanto prête néanmoins une oreille attentive au marchand, il libère le prisonnier de ses liens. Lanquedem fournira un puissant narcotique qui, dissimulé dans une rose, plongera Conrad dans un profond sommeil. Birbanto ne pourrait trouver plus parfaite et dévouée messagère que sa tendre Zulméa, il lui demande donc de porter la fleur à Médora qui ne manquera pas surement de l'offrir à son amant...demande alors à Zulméa de porter la fleur à Medora qu'elle ne manquera surement pas d'offrir à son amant...

De retour, Conrad et Medora donnent libre cours à leurs sentiments jusqu'à ce que la funeste Zulméa ne vienne porter la fleur empoisonnée. Comme prévu, dans un élan d'amour et songeant à leur première rencontre, Medora l'offre à son bien-aimé. Conrad ému par ce geste, respire longuement ce voluptueux parfum, mais très vite, vaincu par un irrépressible sommeil, il titube et s'effondre. Medora bouleversée essaie de lui porter secours alors que Birbanto et les corsaires masqués font irruption. Se sentant menacée, Medora s'empare du poignard de l'un d'eux, le blesse et reconnaît Birbanto.

Cet événement imprévu déstabilise les corsaires et Birbanto plus encore, qui cède à un moment de panique : Conrad commence à se réveiller ! Plus de temps à perdre,Birbanto presse Lanquedem de partir au plus tôt et d'emmener Médora.

Ayant recouvré ses esprits, Conrad s'inquiète de l'absence de Medora. Birbanto, dissimulant sa blessure, feint l'ignorance. Conrad est septique, mais tous par solidarité, disent ne rien savoir. Troublé, mais n'ayant pas le choix pour le moment, Conrad donne l'ordre du départ : il faut retrouver Médora !

Acte III

Le palais de Seyd-Pasha.

Tout n'est ici que luxe et volupté... Seyd-Pasha est entouré des femmes de son harem et de Gulnare, devenue sa favorite, qui semble parfaitement satisfaite de sa nouvelle condition et de l'opulence mise à ses pieds.

C'est alors que survient Lanquedem accompagné de Medora qu'il livre aussitôt au Pacha. Désorientée, la jeune femme s'apaise en retrouvant son amie Gulnare qui l'entraîne dans ses appartements. Pour remercier Lanquedem de cette loyauté, Seyd-Pasha invite les Odalisques à le divertir, après quoi le marchand disparaît avec elles. Le pacha s'abandonne à ses rêves : son esprit erre dans le « jardin animé » où Medora et Gulnare lui apparaissent.

Grisé par ses excès et rendu euphorique par ce retour, Seyd-Pasha nomme Lanquedem « Agha » (chef de son harem), et pour célébrer tant de bonheur, il invite les Odalisques à le divertir.

Devant le palais, les corsaires cherchent un moyen d'y pénétrer. Conrad leur demande alors de se dissimuler le visage : ils doivent apparaître aux yeux de tous comme des pèlerins. C'est alors que Lanquedem croise leur chemin et s'enquière de leurs desseins. Les étrangers disent ne rien vouloir d'autre que l'hospitalité du pacha. Connaissant la générosité du souverain, Lanquedem se propose d'intervenir en leur faveur.

À l'intérieur, les esclaves, restés auprès de leur Maître, s'amusent à le voir encore endormi. Leur agitation tire le pacha de sa torpeur. Lanquedem entre et demande à celui-ci de bien vouloir accueillir les pèlerins. De fait, on les introduit. Bientôt, Medora et Gulnarese joignent à l'assemblée. Elles s'étonnent de cette présence étrangère. Conrad se révèle discrètement à Medora. La jeune femme, heureuse, mais méfiante, s'emploie à distraire l'attention de tous.

Conrad décide, sans plus tarder, de passer à l'action. Il se dévoile, demande à ses corsaires d'en faire autant. Il maîtrise alors Lanquedem et Seyd-Pasha. Le regard soupçonneux de Medora est attiré par un seul corsaire encore couvert. Elle s'approche de lui et le démasque. Il s'agit bien de Birbanto. Medora révèle alors à Conrad la véritable nature du traître. La blessure par elle infligée faisant foi, Conrad n'a plus de doute, d'autant que lorsqu'il s'approche de Birbanto, celui-ci dégaine son arme. Dans le combat, Birbanto est mortellement blessé. Tous sont choqués par cette issue fatale imprévue.

Néanmoins, avant que les troupes du Pacha ne puissent intervenir, il faut partir ! Gulnare décline l'invitation de Medora préférant rester auprès de son nouveau Maître.

Épilogue.
Tandis que Medora se remet de ses émotions dans les bras de son cher Conrad, les corsaires préparent l'appareillage. L'embarquement est promptement mené. Hélas, une tempête se lève et engloutit le navire. Tandis que la mer se calme, la lune se lève dans le ciel. Elle éclaire Conrad et Medora, qui ont réussi à regagner le rivage. Remerciant le ciel de les avoir sauvés, ils se jurent un amour éternel.

Rain before it falls...
Dramaturgie Jean-François Vazelle
Chorégraphie Patrick De Bana
Musique de Carlos Pino-Quintana
Costumes Stephanie Bäeuerle and Svetlana Zakharova
Lumières James Angot

Création mondiale Bolshoï Theatre – Moscou le 12 mai 2016
Ce ballet composera par la suite l'une des trois parties d'Amore
World Tour of Svetlana Zakharova 2016-2017

Contexte et première esquisse.
J'avais vu *Digital Love,* unissant Svetlana Zhakarova et Patrick De Bana dans un duo plein de tensions, une forme de « dématérialisation » de cette danse pourtant si charnelle. Une impression très forte, sans doute accentuée par ce couple improbable, sur le papier, le feu et la glace... et réciproquement ! Patrick avait écrit en exergue :

> *Listening to music that sounds like the whisper of ... Digital Love.*
> *Somewhere. Sometime. Some dream.*
> *Just like diving into the world of ... Digital Love.*

Lors de l'une de nos rencontres, je tentais d'en savoir plus, de confirmer ou infirmer mon ressenti, mes perceptions, sa seule réponse dans un grand éclat de rire : « *Digital Love* ».

Quelque temps après, je visionnais à nouveau le duo... Devais-je y voir ces relations dématérialisées propres aux réseaux sociaux ? Une fin en soi : le sexe virtuel ou bien la volonté d'une relation à distance idéalisée, fantasmée, ou bien les prémices d'une rencontre réelle, charnelle, ce moyen de communication pour gens pressés, qui n'ont plus le temps d'aller au bal ?

J'hésitais, je cherchais, je lisais beaucoup et puis je tombe sur Jonathan Coe et *Rain Before it falls*.

« *Le sens qu'elle recherchait était perdu. Pire encore : il n'avait jamais existé. C'était impossible. Ce qu'elle espérait trouver n'était qu'une chimère, un rêve, une chose irréelle : comme la pluie avant qu'elle tombe* ».

« *Tu comprends, ça n'existe pas la pluie, avant qu'elle tombe. Il faut qu'elle tombe sinon ça n'est pas de la pluie. (…) – bien sûr que ça n'existe pas ; c'est bien pour ça que c'est ma préférée. Une chose n'a pas besoin d'exister pour rendre les gens heureux, pas vrai ?* »

J'étais là, au cœur de ma réflexion, où les absentes présences impriment le cours des choses, ce livre, tel un cheminement méditatif, sombre, un peu grave. J'élargis mon ressenti de *Digital Love*. Le couple s'inscrit alors dans ces secrets de famille où l'indifférence est la plus grande méchanceté et où l'on a oublié « *qu'une chose n'a pas besoin d'exister pour rendre les gens heureux* », comme l'inexistence de *la pluie avant qu'elle tombe* qui peut devenir désespoir si elle tombe.

Et puis, le 28 mai 2014, je suis à la Philharmonie de Paris. Ce concert s'inscrit dans le cadre d'une intégrale des madrigaux de Monteverdi présentée sur quatre saisons par Les Arts Florissants et Paul Agnew. Ce soir-là, il s'agit du Livre VII : *Lettera Amorosa*.

Un choc émotionnel, ces chants qui brillent par une hardiesse de ton et par la profondeur de sentiments exprimés sans fard. L'ensemble du concert est d'une très grande beauté musicale, d'une part, sans traces d'archaïsme et, d'autre part, d'une grande vérité de sentiments : pas de préciosité ni d'affectation.

Et là, association de ressentis, d'états d'âme ? Difficile à dire, mais je revois ici, omniprésente la danseuse de *Digital Love* (Zakharova, pour ne pas la nommer), je la vois dansante avec Patrick, et néanmoins, un partenaire totalement absent aux yeux de la danseuse. Comme un *Spectre de la Rose* dans lequel les rôles seraient inversés. Lui, n'est que le parfum qu'elle perçoit.

Au moment de commencer à coucher tout cela sur le papier, je pense à Marilyn Monroe ; je pense à Marlène Dietrich ; je pense à Maria Callas et

Romy Schneider. Belles, talentueuses, célèbres ; mais seules. Terriblement, désespérément seules.

De cette solitude qui devient une compagne de tous les instants et à qui l'on finit par donner un visage : celui de l'idéal amour-drogue qui égare les esprits, jusqu'à ce qu'ils s'inventent une raison de vivre encore ; une chimère.

Omniprésente : réalité ou mirage ?

Célèbres ou anonymes, tous égaux devant le vide abyssal de l'absence, que l'on refuse, contre qui on se révolte avec la violence du désespoir.

Le Destin n'a que faire des cris et des larmes : retourne à tes chimères et vis, si tu le peux encore.

Rappelle-toi : « *...une chimère, un rêve, une chose irréelle : comme la pluie avant qu'elle tombe.* ».

Je crois que je peux commencer à écrire. Je suis prêt.

Première version.
Solo pour deux danseurs.
1- La chambre.
Elle est une belle jeune femme, avec beaucoup de classe. De celles dont on pense que tous les hommes sont à leurs pieds. Et pourtant, retenue en escale par un fâcheux et long contretemps, seule dans sa chambre d'hôtel, elle a emporté ici avec elle, sa solitude et sa quête de l'Amour absolu qui tourne à l'obsession.

Depuis des mois, elle s'est créé l'amour de sa vie qu'elle imagine avec une redoutable précision. Elle vit au quotidien avec lui. Son absence est omniprésente : une lecture, une musique… et elle le voit là, tout près...

« *Je ne puis être et ne veux vivre que dans l'espace et dans la liberté de mon amour.* » Se répète-t-elle à chaque instant.

Elle sait pourtant qu'il ne peut exister tant ses traits, ses sentiments lui sont devenus familiers...

Mais qu'importe, chaque nuit, elle le désire. ; « *Qu'elle est douce à caresser ma chimère ! Je ne peux y résister. Mais, ce faisant, ma main n'effleure que l'absence et le vide.* »

Pour distraire cette attente interminable, elle écoute le madrigal *Lettera Amorosa.*[1] Mais aussitôt, l'obsession reprend sa place : elle est certaine qu'IL l'a écrit pour elle.

«... *Leggete queste note,*	«... *Lisez ces mots,*
Credete a questa carta,	Croyez cette lettre,
A questa carta in cui	*Cette lettre dans laquelle.*
Sotto forma d'inchiostro il cor stillai.	*Sous forme d'encre, j'ai répandu mon cœur.*
Qui sotto scorgerete	Vous verrez ci-après
Quegl'interni pensieri	Ces intimes pensées
Che con passi d'amore	Qui, marchant comme l'amour,
Scorron l'anima mia;	Parcourent mon âme.
Anzi, avvampar vedrete	Ou plutôt, vous verrez brûler,
Come in sua propria sfera	Comme dans sa propre sphère,
Nelle vostre bellezze il foco mio.	Mon feu dans vos beautés.
Non è gia parte in voi	Il n'est aucune partie de vous
Che non forza invisibile d'amore	Qui, avec la force invincible d'Amour
Tutto a sè non mi tragga... »	*Ne m'attire tout entier vers elle.* »

Puis elle se met à chantonner

«... *Je ne suis plus rien d'autre*	« ... *Altro già non son io*
Que proie et trophée de votre beauté.	Che di vostra beltà preda e trofeo.
Je me tourne vers vous, ô cheveux,	À voi mi volgo, o chiome,
Mes chers lacs d'or...»	*Cari miei lacci d'oro...»*

Mais elle doit revenir à la dure réalité, partir pour l'aéroport et quitter enfin cette ville irrespirable.

2 – L'aéroport.

Alors qu'elle déambule perdue au milieu de cette foule, de l'autre côté de la vitre, des passagers attendent leurs bagages. Parmi eux, un visage. **Il** est là. Elle se colle à la paroi vitrée et soudain, il la voit, il la regarde, leurs deux regards se figent.

Un instant, une éternité ! C'est lui ! Elle en est certaine.

> « *Ce regard tendre, enveloppant et dépouillant à la fois,*
> *ce regard qui était une étreinte et déjà une caresse,*
> *ce regard qui avait réveillé la femme et l'amante.*
> *Pendant une seconde ou deux, ce regard a fasciné le mien*
> *qui ne pouvait ni ne voulait s'arracher du tien...*
> *Mon cœur battait plus fort et lorsque je me suis retournée,*
> *j'ai vu que tu t'étais arrêté et que tu me regardais.*[2]

---

1 – Madrigal composé par Claudio Monteverdi sur un texte de Claudio Achillini, publié en 1619 dans le *Septième Livre de madrigaux.*

2 – Lettre d'une inconnue – Stephan Zweig

Intrigué, il s'approche de la vitre, lui sourit. Bouleversée, elle tente de lui donner son numéro de téléphone, mais le temps presse, quelques mots échangés et déjà les haut-parleurs appellent les passagers pour l'avion dans lequel il doit embarquer.

On échange très vite les numéros en se promettant... :

« *Ce qui est bon ne s'oublie pas, je ne t'oublierai pas.* »[1]

Radieuse, elle le regarde s'éloigner : L'Amour, la dévotion d'un autre pour elle qui l'élèvera au-dessus des nuages de sa vie ! Et déjà, les haut-parleurs l'appellent.

Il ne comprend pas ce qu'elle tente de lui dire... Un nouvel appel, lui, va s'embarquer, il a du mal à réaliser ce qui vient de se passer... Elle est si belle, si « aristocratique ».

Que ce voyage se termine et la ramène vers lui... Le hasard est curieux qui a mis Monteverdi dans son casque :

« *...Alors, ô miracle éternel*	« *...(O miracolo eterno*
Du désir amoureux,	*D'amoroso desìo)*
Dans de si belles tempêtes, mon cœur	*Fra si belle tempeste arse il cor mio.*
Subitement, meurt brûlé.	*More subitamente*
Mais déjà, l'heure m'invite,	*Ma già l'ora m'invita*
Ô fidèle messagère de mes sentiments,	*O degli affetti miei nunzia fedele.*
Chère lettre d'amour,	*Cara carta amorosa,*
À te séparer de la plume. »	*Che dalla penna ti divida omai.* »

Quant à elle, son vol est retardé, mais qu'importe...

« *Les amants séparés trompent l'absence par mille choses chimériques qui ont pourtant leur réalité. Ils trouvent une foule de moyens mystérieux de correspondre. Ils s'envoient le chant des oiseaux, le parfum des fleurs, le rire des enfants, la lumière du soleil, les soupirs du vent, les rayons des étoiles, toute la création. L'amour est assez puissant pour charger la nature entière de ses messages.* »[1]

Elle est toute à sa joie pleine de promesses et d'espérance ; elle bénit le ciel de l'avoir enfin mis sur sa route.

Soudain, elle est tirée de sa douce rêverie par l'annonce des haut-parleurs qui crachent l'incroyable, l'inacceptable : au décollage, un avion, SON avion s'est abimé dans l'océan.

Stupéfaite, incrédule, pétrifiée... Temps suspendu... Puis, elle essaie de prendre chacun à témoin : c'est impossible, dites-moi que ce n'est pas vrai, je vous en supplie ! Pas de réponse.

---

1 – Les misérables — Victor Hugo

Elle s'effondre.

« *L'amour est une si douce chimère, que le perdre, toute chimère qu'il est, c'est perdre plus que la vie* »...[1]

« *Le sens qu'elle recherchait était perdu. Pire encore : il n'avait jamais existé. C'était impossible. Ce qu'elle espérait trouver n'était qu'une chimère, un rêve, une chose irréelle : comme la pluie avant qu'elle tombe* ».[2]

Face à pareille Apocalypse, elle est étrangère à son corps, son coeur est suspendu comme un pas de danse sur l'abime...

Rideau.

Mais voilà...

Le texte ainsi rédigé, je le fais traduire en russe pour le soumettre à demoiselle Zakharova. La réponse se fait attendre... Elle arrive enfin : Il faut changer l'histoire, il est hors de question qu'un avion ne s'écrase et qu'y périsse l'être aimé – la diva russe est d'une extrême superstition -. Le problème c'est que les répétitions commencent dans trois jours...

Deux jours et deux nuits blanches... Je reviens sur *Lettre d'une inconnue*, tout en conservant cette obsédante question que Jonathan Coe m'a mise dans la tête : qu'est-ce que la pluie avant qu'elle tombe ?

Rain Before it falls, seconde version.

« *Ce qu'elle espérait trouver n'était qu'une chimère, un rêve, une chose irréelle : comme la pluie avant qu'elle tombe* ». Jonathan Coe

La passion amoureuse d'une femme dans tout ce qu'elle a de sublime et d'absolu.

La déclaration fanatique, fiévreuse, pleine de tendresse et de folie de celle qui s'est donnée toute entière à un homme qui jamais ne la reconnut.

Un cri déchirant d'une profonde humanité.

Au soir de sa vie, elle lui adresse une lettre lui révélant comment, sans qu'il n'en ait jamais rien su, elle a consacré, consumé sa vie pour lui.

« *Mon cher amour,*

lorsque tu arrivas dans ma vie, j'avais treize ans, et j'habitais dans la maison que tu habites encore, j'habitais sur le même palier, précisément en face de la porte de ton appartement. Tu ne te souviens certainement pas de nous.

---

1 – Alexandre Dumas
2 - Rain. before it falls, Jonathan Coe

Certainement, tu ne te rappelles plus, mon bien-aimé ; mais moi, oh ! Je me souviens passionnément du moindre détail : je sais encore, comme si c'était hier, le jour et même l'heure où j'entendis parler de toi pour la première fois, où pour la première fois je te vis, et comment en serait-il autrement puisque c'est alors que l'univers s'est ouvert pour moi ?

Pendant cinq années, je t'ai attendu en bas de l'immeuble et je t'épiais...

Mes parents ont déménagé, alors je suis revenue travailler dans cette ville pour ne pas te perdre.

J'allais même jusqu'à me faire inviter à une soirée où je savais que tu serais...

Perdant toute retenue, je t'ai invitée à danser, tu as accepté.

Tu m'avais promis de me rappeler tu ne l'as jamais fait !

Peu de temps après, je vis à l'opéra « Le Spectre de la Rose », cette femme qui retrouve son aimé dans le parfum de la fleur. Comme elle, à toi qui m'as tant ignorée, si rapidement oubliée, je t'enverrai Le Spectre de l'Amour : tous les ans et depuis plus de vingt ans, pour ton anniversaire, tu as reçu mes roses blanches. Je voulais que ces fleurs te troublent, t'enivrent.

Quelle prétention ! Les as-tu seulement senties ? Gardées ?

Je vais partir, ton vase restera vide désormais. Cette lettre, tu la recevras comme le Spectre de l'Adieu... Qu'il danse pour toi à jamais avec celui de l'Amour, cette ivresse qui a brûlé ma vie !

Mon amour, as-tu été autre chose que la pluie avant qu'elle tombe ? C'est-à-dire : rien !

L'amour est une si douce chimère, que le perdre, toute chimère qu'il est, c'est perdre plus que la vie

Adieu pour jamais.

(Signature illisible)[1]

---

1 - Voir Annexe 3 page 126

Sylvia

Chorégraphie Manuel Legris, d'après Louis Mérante.
Dramaturgie et livret : Manuel Legris et Jean-François Vazelle d'après Jules Barbier et Jacques de Reinach
Musique Léo Delibes
Décor et costumes : Luisa Spinatelli
Création au Staatsoper de Vienne le 10 novembre 2018.
Reprise à La Scala de Milan le 17 décembre 2019
Distribution de la création :
Nikisha Fogo : Sylvia —Denys Cherevychko : Aminta —Davide Dato : Orion —Michail Sosnovschi : Éros — Ketevan Papava : Diane — James Stephens : Endymion, avec les danseurs du Ballet de l'Opéra de Vienne et l'Orchestre de l'Opéra de Vienne sous la direction de Kevin Rhodes

Le fil d'Ariane.

Jusqu'à présent, *Sylvia* n'était pour moi qu'un souvenir, celui de cette soirée du 13 décembre 1979. J'y découvrais ce ballet et les inoubliables, Noëlla Pontois, Cyril Atanassoff, Jean-Yves Lormeau...

Quelques fois on reproche aux livrets originaux leur texte confus, pour ne pas dire d'un intérêt très relatif. Mérante n'échappa guère aux critiques. Il faut dire que les créateurs ne se sont pas embarrassés, mélangeant dieux grecs et romains... On dit même que, lors de la création, le « naufrage » (sic) fut évité grâce à la qualité exceptionnelle de la partition.

Lycette Darsonval corrigea assez largement tout cela, intégrant nombre de morceaux de bravoure, ainsi que des moments d'une grande beauté.

Cependant, l'esthétique et les pantomimes paraîtraient, aujourd'hui peut-être, un peu désuets.

Dans ce contexte, dès l'abord des premières séances de travail nous nous sentîmes investi d'une mission, chargés du poids d'une tradition, d'un héritage à s'approprier, à moderniser, à simplifier sans dénaturer ni trahir.

En premier lieu, nous avons voulu nous souvenir du titre original : *Sylvia, ou la nymphe de Diane.*

Nous avons souhaité faire de « celle-à-cause-de-qui-tout-arrive », le fil conducteur de l'histoire. Présent ou absent, chacun des protagonistes agit en fonction de la toute-puissante déesse. Elle commande, on craint ses réactions ou bien on la combat... De fait, elle est le point de convergence de toute cette histoire.

Sur la forme, à partir du premier texte proposé, le travail consistait à envisager scène par scène dans les moindres détails ; il me fallut suivre

Manuel Legris, pas à pas, dans son souci de précision, sa vision déjà très complète d'un ballet qui mettrait en valeur chacun et chacun des danseurs du ballet de l'Opéra de Vienne.

Une telle création ex nihilo serait somme toute assez banale. Mais voilà, *Sylvia* c'est une page importante et fondatrice de la danse classique.

«... *Il est indispensable de retrouver le fil d'Ariane successivement filé naguère par Saint-Léon, Mérante, Staats, Aveline et plus récemment par Pierre Lacotte. C'est en s'appuyant sur ce patrimoine que pourront grandir de futurs chorégraphes. Des chorégraphes comme il convient, formés aux sources de l'École française et dans sa tradition.* »

J'aurais pu signer ce texte, nourri par nos échanges tout au long de ses derniers mois. Ce pourrait être, sans que Manuel ne puisse en renier un mot, l'expression de son attachement à son École, sa volonté sans faille de transmettre et de faire ainsi briller cette Compagnie.

En qualité de spectateur attentif, je pense que remonter *Sylvia* à Vienne, prend un accent particulier : la synthèse de ce que Manuel nous donnât à voir ; toutes les exigences de la danse française, enrichie des apports de danseurs nourris de traditions diverses au premier rang desquelles celle de l'École russe.

Signe que le fil d'Ariane est bien renoué, en fait cette citation reprend mot pour mot ceux de la grande Violette Verdy !

Pourquoi remonter *Sylvia* ? Parce qu'il faut rendre à la Danse ce qu'elle ne cesse de laisser partir...

LE BALLET

Les personnages.

Diane : Déesse de la chasse et de la chasteté —Sylvia : Nymphe de Diane —Aminta : jeune berger amoureux de Sylvia —Éros : Dieu de l'Amour —Orion : « Le chasseur noir » — Endymion : L'impossible amour de Diane —Les Deux Chasseresses —Les chasseresses (12) —Le faune, Les Sylvains (4), Les Satyres (4) : Créatures d'Orion. - Les Nubiennes : Favorites d'Orion —La Naïade principale, Les Naïades (4) : Divinités des eaux —Les dryades (4) : Divinités des forêts —Le couple de paysans —Le Petit Pâtre —Paysans (8) & Paysannes (8). - Les vestales (4) — La Prêtresse de Diane.

Prologue :
Entre rêve et réalité.

Diane, déesse de la chasse, voit Sylvia comme un double d'elle-même, unie à elle par l'amour de la chasse et leurs vœux de chasteté...

Toutefois, la déesse est tourmentée. Au détour d'un regard, ce n'est plus Sylvia qu'elle aperçoit, mais Endymion, cet amour obsessionnel. Celui-là même qu'elle fit endormir à tout jamais, pour le contempler, jeune et beau, sans jamais renoncer à ses vœux.

Diane tente de se ressaisir, mais Endymion est là devant elle, il répond à sa passion...La déesse s'abandonne !

Mais bientôt, le son des cors la ramène brutalement à la réalité. Que les Dieux soient remerciés, c'est bien Sylvia qui est à nouveau devant ses yeux !

Diane saisit son arc : que la chasse commence.

Acte I.
La nuit, dans la forêt sacrée, une statue du Dieu de l'Amour : Éros.

L'endroit est habité par les esprits de la forêt, qui se cherchent, s'appellent, batifolent gaiement sous la faible clarté des rayons de la lune.

Soudain, sentant l'approche d'un humain, tous se cachent et observent.

Le berger Aminta revient sur les lieux où, par un soir de pleine lune, il aperçut une chasseresse d'une inoubliable beauté. Il vient ici prier Éros de lui accorder la faveur de la revoir...

Aminta est tiré de sa rêverie par le son des cors annonçant l'arrivée des chasseresses sous la conduite de Sylvia : il se cache.

Sylvia et ses comparses célèbrent les plaisirs de la chasse. Disciples de Diane, elles ont renoncé à l'amour, et prennent un malin plaisir à se moquer de la statue d'Éros.

Diane de retour, avise le manteau d'Aminta. Elle s'empresse de le montrer à Sylvia, qui aussitôt ordonne à toutes de reprendre leurs arcs et de chercher l'intrus. Promptement découvert, Aminta est livré aux mains de Diane qui, courroucée, le jette aux pieds de Sylvia.

Soucieux de ce qui l'attend, le berger trouve le courage de déclarer son amour à Sylvia. Celle-ci, tourne alors sa colère contre Éros à qui elle décoche une flèche. Aminta tente de protéger la divinité, il s'interpose, la flèche l'atteint, il s'effondre.

La statue d'Éros prend vie ; le Dieu de l'Amour, certain de son pouvoir, tire une flèche en direction de Sylvia. Celle-ci porte la main à son cœur désormais ouvert à l'amour !

Agacée, Diane donne le signal du départ, les chasseresses s'exécutent. Sylvia les suit, abandonnant à regret Aminta.

Avant de se rendre au travail, les paysans invoquent Éros, leur Dieu préféré.

C'est alors qu'Orion, entouré de ses créatures, survient ; il s'approche d'Aminta, comme pour s'assurer que ce rival est bien mort, puis disparaît.

Sylvia troublée, revient vers Aminta et pressant la flèche contre son cœur, lui demande pardon. Orion, profite de ce moment pour enlever Sylvia.

De retour, les paysans découvrent Aminta inanimé. Ils pleurent leur ami et désespérés, supplient Éros de venir à leur secours. Un sorcier vient à passer par là.

Les paysans le pressent d'intervenir. Le sorcier se saisit d'un rameau d'olivier dont il effleure Aminta, celui-ci revient à la vie.

Aussitôt, le berger s'inquiète du sort de Sylvia. Les villageois l'informent qu'Orion l'a enlevée. Ils désignent le sorcier comme étant son sauveur. Aminta s'empresse de le remercier et, devant tant de pouvoirs, le supplie de l'aider à retrouver Sylvia. Le sorcier ému se découvre : c'est Éros en personne. Mettant en garde Aminta, contre les dangers que celui-ci encourt, il lui indique la route par laquelle Orion a pris la fuite.

Acte II.
La grotte, repaire d'Orion.

Orion, revient dans son repaire portant Sylvia qu'il dépose inanimée sur sa couche. Il la contemple et exprime son plaisir d'avoir enfin Sylvia à sa merci. Sylvia recouvre ses esprits, apeurée dans ce lieu inconnu peuplé de créatures et face à Orion. Elle réalise qu'elle est l'impuissante captive du Chasseur noir !

Sylvia repousse ses avances et tente de s'enfuir, mais Orion lui barre la route. Le chasseur noir ne désarme pas : il tente une stratégie de séduction en mobilisant ses comparses pour la divertir. Tous s'exécutent, se mettent à danser et à boire.

Une idée germe dans la tête de la captive : elle décide de se joindre à eux, feignant de participer aux agapes pour mieux enivrer Orion, et prendre la fuite.

De fait, Orion totalement ivre se fait de plus en plus pressant. Pour parvenir à ses fins, Sylvia surjoue de ses charmes et offre à Orion une dernière coupe qu'il vide d'un trait. Il s'écroule.

Tous sont hors d'état, Sylvia reprend espoir. Elle saisit son arc, et s'adresse à

Éros, lui demande pardon de l'avoir outragé, et le supplie de venir à son secours.

Le Dieu de l'Amour paraît chevauchant Pégase.

Il pardonne, invite Sylvia à le suivre en lui promettant de la conduire vers Aminta.

Acte III.
Près du temple de Diane.

La fête en l'honneur du dieu Bacchus bat son plein, réunissant en une même allégresse, paysans et petites divinités de la nature.

Aminta, désespéré par les résultats de sa vaine entreprise, prend les paysans à témoin de son infortune.

Bientôt l'espoir renaît, car Éros fait son entrée, entouré des chasseresses. Pour éprouver un peu plus Aminta, il a choisi de cacher Sylvia et de voiler ses comparses.

Tandis que dansent les nymphes, Aminta cherche à reconnaître son élue.

Éros finit par accéder au souhait du Berger et fait apparaître la belle Sylvia : le couple est enfin réuni.

Mais la fête est brusquement interrompue par l'arrivée d'Orion bien déterminé à reprendre Sylvia. Celle-ci apeurée se réfugie dans le temple de Diane. Aminta tente de s'opposer à Orion qui, forçant le passage parvient devant le sanctuaire. Mais c'est Diane qui apparaît.

Avant qu'il n'ait pu pénétrer dans le temple, La Déesse tend son arc et tire...
Le Chasseur s'effondre.

Alors, Diane tourne ses reproches vers sa fidèle Sylvia. Aminta se jette aux pieds de la déesse et s'accuse comme seul responsable de tout ce désordre.
La Chasseresse reste inflexible : cet humain doit être châtié.

Alerté du danger, Éros s'interpose. Il s'adresse à Diane dont il connaît les tourments amoureux. La Déesse, déterminée, ne montre aucune faiblesse.
Alors Éros fait apparaître Endymion.

Cette fois, Diane touchée au plus intime, se laisse attendrir et consent à laisser Sylvia aimer librement son berger.

Résignée, Diane prendra désormais la forme, sous laquelle on peut encore l'admirer de nos jours. Elle sera la Lune, qui toutes les nuits éclairera Endymion, le bel endormi.

The Legend of the Steppe

Chorégraphie : Patrick De Bana
Livret et dramaturgie : Jean-François Vazelle
Compositeur et arrangements : Carlos Pino Quintana
Décors : Ricardo Sanchez–Cuerda
Costumes : Stephanie Bâuerle
Lumières : James Angot
Assistant-chorégraphe : Jean Laban

Création le 12 décembre 2020 — Astana Opera House

Note d'intention.

Il y a des hommes qui naissent avec des dons, des qualités, des capacités extraordinaires. En quelques mots : tout ce qui dépasse l'entendement du commun des mortels. Celui-ci n'aime pas ne pas comprendre. Alors pour rendre accessible l'indicible on a inventé les légendes. De cette façon, un animal, un objet, un être surnaturel créés de toutes pièces leur permettent de visualiser l'inexplicable. L'homme est naturellement matérialiste, mais avec ses images il comprend donc il accepte. Il ne s'agit pas ici de raconter une histoire, mais d'en donner des fragments autour desquels le spectateur reste libre de construire sa propre histoire.

Patrick De Bana est un chorégraphe impressionniste au sens où il n'impose rien, petite touche par petite touche de couleur, il suggère. Mais il est également expressionniste, car les images qu'il donne à voir sont suffisamment fortes pour nourrir l'imaginaire de qui veut bien s'y plonger.

La légende de Samruk devient une allégorie poétique, pour tracer un chemin de vie incompréhensible à certains, néanmoins réelle. En quelques sortes, son parcours initiatique.

LE BALLET

Personnages :

Le Shaman/Samruk —Le Père : Nurasyl[1] —La mère : Ayaulym —Le fils : Alikhan —La Muse/Épouse d'Alikhan : Aiday —L'Homme en Noir —Le Cheval — L'Aigle —Le Loup — Personnages (9 couples).

Prologue.

(Nurasyl et Ayaulym, L'Aigle, Le Loup et Le Cheval)

---

[1] – Les prénoms ont été choisis pour leur consonance, voire leur signification, ils ne se réfèrent en aucun cas à des personnages réels.

C'est le printemps, la steppe est balayée par un vent violent. La nature s'éveille. Un Aigle tournoie dans le ciel, tandis qu'un Loup est aux aguets et qu'un Cheval passe au loin. Nurasyl et Ayaulym se tiennent là, devant cette nature renaissante, si forte, si belle, et pourtant, si ingrate à leur égard : ils ne peuvent avoir d'enfants. Nurasyl ne peut se résoudre à prendre une autre femme, mais ne peut accepter que son clan reste sans héritiers. Le couple est désespéré. Il s'en remet à Dieu et décide d'aller consulter le Shaman.

Scène 1. - *Au Mausolée.*
(Nurasyl et Ayaulym, Le Shaman)
Nurasyl et Ayaulym se présentent devant le Shaman. Ils expriment leur tristesse, leur désespoir. Ils le supplient d'invoquer le ciel pour leur donner un héritier.
Le Shaman réfléchit un long moment, semble faire des incantations, puis ému par tant de détresse, se saisit de l'« Oeuf en Or » et le donne à la femme. Le couple est interloqué, partagé entre gratitude et déception. Toutefois, ils remercient respectueusement et reprennent le chemin de la maison.

Scène 2. - *Le Rêve.*
(Nurasyl et Ayaulym, Alikhan, L'Aigle, Le Loup et Le Cheval)
Rester seule Ayaulym contemple cet « Oeuf » un long moment, épuisée, elle s'endort...

... Elle est dans la steppe, conduite par le Cheval. Elle observe cette vaste étendue. Tout à coup, accompagné d'un jeune homme, survient le Shaman. Il se saisit de l'« Oeuf », le présente au jeune homme. Tous deux entament une danse incantatoire. Puis, comme par miracle, Le Cheval, L'Aigle et Le Loup viennent se coucher à leurs pieds. Le Shaman dit alors au jeune homme : « *Ton nom est Alikhan, ton destin dépassera tout ce que tu peux imaginer, si tu crois en lui, et avant tout, si tu crois en toi. Le Cheval sera ton compagnon, L'Aigle, tes yeux, le vent sera ta force, et Le Loup t'enseignera comment guider ton peuple comme lui-même guide sa meute. Mais n'oublie jamais ni tes racines ni tes ancêtres.* »

Tous disparaissent. Le jeune homme, resté seul, s'approche de la femme endormie. Il tient l'« Oeuf » sur son cœur, se couche aux pieds d'Ayaulym en position fœtale et s'endort ainsi.

Scène 3. - *Le fils*.
(Ayaulym, Alikhan puis Nurasyl)

Nurasyl survient, il réveille son épouse. Elle se penche et découvre ce jeune homme, à ses pieds. Les parents le reconnaissent immédiatement : c'est leur fils ! Ils sont fous de joie et se précipitent au-dehors afin que tout le monde partage leur bonheur.

Scène 4. - *La présentation*.
(Tous)

La Nature est en fête. De toutes parts, on est venu pour voir le fils tant attendu. Ces parents, heureux de présenter leur fils, Alikhan, reçoivent les compliments de tous. Une danse générale s'organise, humains et animaux célèbrent la généreuse Nature.

Soudain, Le Shaman paraît, il entraîne Alikhan à l'écart : « *Tu as tout : la force, la protection de Dieu, l'amour de tes parents, mais il te manque l'inspiration, l'ambition, le chemin de ton Destin. Voici Aiday.* » Une Muse apparaît. Immédiatement, Alikhan est sous le charme. Ils dansent tous trois, mais le reste de l'assistance ignore ce qui se passe, car seuls Suleiman et Alikhan peuvent voir La Muse.

La fête se termine, Alikhan s'allonge sur le sol pour admirer la Voie lactée que sa muse a rejointe.

Scène 5. - *Le Passage*.
(Nurasyl, Alikhan, L'Aigle, Le Loup, Le Cheval puis Suleiman et La Muse)

Nurasyl est mourant. Il donne à son fils ses dernières recommandations et principalement celle de croire en son Destin unique et de ne jamais renoncer. Alikhan lui en fait serment. Le vieil homme s'endort pour toujours. Alikhan est désespéré. Le Shaman arrive accompagné des trois animaux fétiches du jeune homme. Le Shaman enlève son manteau et révèle sa véritable identité : en fait, il est Samruk, « L'Oiseau aux œufs d'or ».

De fait, il remet à Alikhan un « Oeuf en or », et lui dit qu'il est temps de partir avec pour compagnons L'Aigle, Le Loup, Le Cheval et La Muse pour éprouver, seul face à lui-même, la force du vent, la puissance des torrents, la majesté des montagnes. Ainsi à son retour, plus rien ne pourra arrêter la réalisation de la promesse faite à son père.

Entracte.

Scène 6. — Le projet — le chantier.
(Alikhan, La Muse, L'Homme en Noir, les femmes puis les hommes)

Des années ont passé.

Alikhan est de retour, accompagné de L'Homme en Noir, compagnon rencontré au hasard de son long périple. Ils sont accueillis par La Muse et les femmes qui les entourent. Alikhan découvre ce qu'elle a imaginé, les ébauches, les plans, les dessins de sa future ville. C'est exactement ce qu'il avait vu dans ses rêves !

Juste à côté, les ouvriers sont au travail. Le projet prend forme dans une véritable tempête de vent, de feu et d'acier.

L'Homme en Noir congratule chaleureusement — peut-être un peu trop — son nouvel « ami ».

Devant cette effervescence, Alikhan demande à tous d'écouter ses dernières instructions, les détails de son ambitieuse vision. (Solo de Timur avec en calque La Muse.) Hommes et femmes font démonstration de leur joie et de leur fierté d'œuvrer à ce projet.

Scène 7. *La muse devient femme.*
(Alikhan et La Muse/Aiday puis Samruk)

Demeurés seuls, Alikhan et La Muse se retrouvent face à face. Alikhan est embarrassé, gêné... Il ne sait comment, à Une Muse, on peut témoigner son admiration, sa gratitude, son amour... Il reste sans voix. Alors, La Muse prend sa main, elle la pose sur son cœur. Elle lui dit : « Sens ce cœur, ne bat-il pas *comme le tien ? Tu es sincère et valeureux, désormais, appelle-moi Aiday, je suis ta femme.* »

Samruk qui a assisté, de loin, à toute la scène, vient bénir leur union.

Scène 8. *Le but.*
(Tous sauf Nurasyl et Ayaulym)

Ils reviennent sur le chantier qui se termine. Mais tant de faste, d'or, de marbre ont excité la jalousie de L'Homme en Noir qui, avec quelques comparses, tente d'arrêter le chantier et de commencer à le détruire. Avant qu'Alikhan n'ait pu intervenir, Samruk donne l'ordre aux trois animaux de mettre fin à ce désordre. Effrayés tous se sauvent à l'exception de L'Homme en Noir qui tente de résister encore. Bousculé par Le Cheval, agressé par Le Loup, il est finalement mis à terre et l'Aigle lui crève les yeux.

Le vent se lève, un vent violent et purificateur. Les hommes se mettent à danser, bientôt rejoints par Alikhan et Samruk.

Final. *Le rêve éveillé.*
(Les mêmes)

C'est la fête. Les humains, les animaux, les esprits, tous célèbrent Alikhan qui appelle auprès de lui Aiday, officialisant ainsi leur union.

Épilogue. *(Même décor que pour le prologue)*
(Alikhan, Aiday, L'Aigle, Le Loup et Le Cheval, Nurasyl, Ayaulym, Samruk)

C'est le printemps, la steppe est balayée par un vent violent. La nature s'éveille, un aigle tournoie dans le ciel, tandis qu'un loup est aux aguets et qu'un cheval passe au loin.

Alikhan et Aiday contemplent cette nature renaissante, si belle…

Mais, au loin, surgit Samruk accompagné par Nurasyl et Ayauly.

Alikhan tombe à genoux tandis que ces parents imposent leurs mains sur sa tête : « *Béni sois-tu, fils bien-aimé, de ne jamais avoir oublié ta terre de tes ancêtres.* »

Note.

Suite au déclenchement de la pandémie mondiale, la première, prévue en mai, fut reportée en décembre. La création se fit donc dans des conditions particulièrement difficiles — les ayant-droits sur la musique retireront leur accord une huitaine de jours avant la première — ce qui obligera Patrick a changé tout le support musical au dernier moment. Régulièrement, je recevais les vidéos de l'avancement de la création. Je constatais que si Patrick conservait l'esprit de mon synopsis, quant à la forme, il s'en éloignait chaque jour un peu plus… Conscient de cet état de fait, Patrick me demanda d'écrire une nouvelle version quelque dix jours avant la première. Lui à Astana, moi à Paris : mission impossible. Néanmoins, et pour proposer au spectateur des repères, je concevais le texte suivant :

« **Pour le spectateur…**».

Quand le projet est évoqué, le librettiste s'empare de La Légende de Samruk. Il cherche, il plonge dans la culture du Kazakstan, il s'imprègne de ce rapport si curieux à une nature omniprésente. Et il écrit une histoire, un conte moderne, hors du temps. Il donne au chorégraphe « sa » Légende de la steppe.

Mais Patrick de Bana est un citoyen du monde et la danse est un langage universel lisible de Paris à Moscou, de Londres à Astana... Il est, également, un chorégraphe impressionniste, au sens où il n'impose rien. Petite touche par petite touche, il suggère grâce à des images suffisamment fortes pour nourrir l'imaginaire de qui veut bien s'y plonger.

Pour lui, il ne s'agit pas de raconter une histoire, mais d'en donner des fragments autour desquels le spectateur reste libre de construire « sa » propre histoire.

Ainsi, à titre d'exemple, pour rendre universelle cette allégorie poétique, il ne veut plus de Samruk, de Nurasyl et autres prénoms, il choisit le Shaman, le Père, la mère, le Fils... moins personnalisés, plus universels.

Patrick De Bana n'est pas un photographe donnant un cliché conforme au réel. Il se veut peintre, à l'instar du grand J.M.W. Turner, quand il peignait l'incendie du Parlement : aucun détail vériste, que des nuances, des couleurs livrées à l'œil du spectateur qui s'approprie et reconstruit le drame.

Ainsi, par ce chemin de déconstruction-reconstruction, le chorégraphe nous donne à voir un chemin initiatique, celui d'un enfant devenu homme — l'Homme Universel — sous l'œil bienveillant du destin.

Ce que vous allez voir est librement inspiré de « MY » *Call Of The Steppes*. Suivait le synopsis tel que ci-dessus.

En quête d'auteur (s)...

Thomas Becket ou la grâce
Ballet en trois actes
en collaboration avec Philippe Raymond-Thimonga
d'après Meurtre dans la cathédrale, de T.S. Eliot et Becket, de Jean ANOUILH

Remerciements À Philippe Raymond-Thimonga,[1]
Sans l'affection, le soutien et l'aide de qui rien n'eut été possible.

JFV, Paris, le 26 juin 1999

De l'histoire au ballet ...

Il est de ces rencontres qui marquent une existence. Ce fut le cas pour moi avec le personnage de Thomas Becket (1117-1170), primat d'Angleterre sous le règne de Henri II, et ce, grâce au film de Peter Glenville (1964), et à l'interprétation bouleversante de Richard Burton et Peter O'Toole.

Une révélation. Et le début de coïncidences qui, à différentes étapes de ma vie, me feront retrouver Thomas. Au fil des ans, Thomas Becket deviendra mieux qu'une figure, un modèle : un ami.

Ce sera, successivement : la biographie de Pierre Aubé, une invitation au théâtre, *Meurtre dans la cathédrale* de T.S. Eliot, puis enfin, l'intense portrait du personnage que compose Jean Anouilh, *Becket*, c'est avant tout un parcours hors normes, de ses origines d'immigré normand à ses études en France, d'une jeunesse dorée aux marches du pouvoir, de la charge de chancelier au martyre. Spectateur de sa propre vie, Thomas regarde les autres sans les voir, glisse, négocie, mais ne scrute véritablement que son moi. Son existence en secret est vouée à la recherche d'un idéal qui résiste au temps des hommes.

Parallèlement, je découvrais la danse avec Maurice Béjart et sa *IXe symphonie.*

À l'origine la danse est populaire, mais aussi incantatoire. Après avoir été codifiée, répertoriée, réduite à un simple divertissement de cour, on assistera à l'aube du XXe siècle au réveil d'une danse empreinte de spiritualité, qui peu à peu retrouvera ses racines et sa raison d'être. Incarnation même de la grâce, la première image qui vient ici à l'esprit est sans doute celle de Vaslav Nijinsky. Ce dernier ira jusqu'à écrire dans son Journal que le saut légendaire du *Spectre de la Rose*, dans sa chute sublime, préfigure le bond mystique au cœur de Dieu. À l'évidence, Becket et Nijinsky sont des cas limites ayant suivi jusqu'au bout un appel transgressif. Et comment ne pas

---
1 - Voir Annexe 4-1 page 126

penser à Maurice Béjart, dont les pas, chorégraphiques et personnels, dessinent depuis longtemps un chemin original vers la lumière ?

Becket est un danseur ...

Le quotidien du danseur est-il autre chose que sa confrontation au miroir de la classe, éternelle introspection qui le libérera de son image, l'accomplira en le portant hors de lui-même ? La danse contemporaine semble, à quelques exceptions près, vouloir tourner le dos aux ballets narratifs qui firent les beaux jours du siècle précédent. Si certains sont revisités avec plus ou moins de bonheur, il est indéniable que les créations en ce domaine sont rares. Becket, le ballet, s'inscrivant comme une création contemporaine, à la fois narrative et inspirée, devrait permettre de retrouver, avec cet homme du XIIe siècle une quête d'absolu terriblement actuelle.

« *Jamais sans doute* », écrit Pierre Aubé dans sa biographie, « *un homme ne fut plus intimement et plus durablement associé aux fracas de l'Histoire. Vénéré ou honni, utilisé, discuté ou incompris, Thomas Becket demeure un signe de contradiction. Et un symbole. Comme tous ceux qui, un moment, ont tenté, au nom d'un idéal et comme par effraction, d'éroder les cimes glacées de la politique.* »

Synopsis.

L'action se déroule dans l'Angleterre du XIIe siècle. Henri II Plantagenêt règne sur un monde déchiré, les barons et les seigneuries ne songent qu'à leur propre souveraineté. Les fils du roi eux-mêmes ont trahi, Aliénor d'Aquitaine, son épouse conspire, la Normandie s'agite, la Bretagne gronde, la France menace. Loin des aléas politiques, Thomas Becket, fils d'immigré fortuné, mène une existence dorée de chasse, de luxe et de plaisirs, mais il est également cultivé comme l'attestent ses études à Paris. Entré au service de l'archevêque Thibaud de Cantorbéry, Normand comme lui, Thomas fait ses classes, l'apprentissage des responsabilités et exerce très vite une forte fascination sur le prélat qui le prend comme conseiller privilégié. Des liens d'affection vont se nouer entre le vieil homme et ce clerc brillant. Rien, toutefois, ne semble satisfaire Thomas, en quête d'une véritable raison de vivre...

Noël 1154, Thomas Becket est présenté au roi d'Angleterre. Cette rencontre va bouleverser la vie des deux hommes. Peut-on en effet imaginer un écart plus profond entre ce roi sanguin, excessif, d'une violence sans exemples, et cet homme de beaucoup son aîné, raffiné et maître de lui ?

Pourtant une amitié va naître entre eux. Un sentiment riche de différences reconnues et d'affinités devinées, d'estime réciproque. Une flamme rare, irréductible et fragile qui, tant qu'elle brillera au foyer commun, soudera une union que rien ne pourra rompre. Une passion. Henri aime Thomas et admire chez lui tout ce qui lui fait cruellement défaut. Les textes ont beaucoup commenté les relations complexes, à bien des égards ambiguës, qui lièrent deux hommes si dissemblables.

L'être léger, aiguisé par l'ambition, prend de l'ampleur et si finalement son amitié pour le roi ne le comble pas, le Pygmalion qu'il devient renforce son assurance, le conforte dans l'idée qu'il ne s'agit ici que d'une étape. Dans ce contexte, l'on assiste aux manœuvres d'Aliénor. Trahie, écartée du pouvoir, la reine cherche vengeance sans désemparer, apportant son soutien aux barons jaloux de leurs prérogatives féodales.

Avec sa nomination inattendue à la charge de Chancelier du royaume, la stature de Becket prend de l'envergure, mais ne s'agissant encore que d'un idéal temporel, nous pressentons que cela ne suffira pas à donner un sens à sa vie. Pas plus d'ailleurs que l'amour sans limites qu'il reçoit de sa compagne d'enfance, Gwendoline.

Ce ne sera qu'une fois nommé archevêque de Cantorbéry, à la mort de Thibaud, que soudain Thomas prendra conscience d'échapper totalement à l'emprise des hommes, fussent-ils d'église, pour ne plus parler qu'à Dieu. Désormais, sûr de sa destinée, de son honneur, Thomas n'épargnera personne, pas davantage Henri que lui-même. Au péril de sa vie.

Les caractères.

Thomas Becket.

Pour bien comprendre le personnage de Becket, il convient de souligner les origines normandes de cet immigré de la seconde génération.

La première chance de Thomas réside dans l'aisance de son père qui lui assure une solide formation et une jeunesse dorée. Fort et faible de cela, Thomas se cherche, rêve d'une cause à servir. De prime abord, Thomas apparaît comme un être léger, presque superficiel. Cet homme dont la beauté trouble son entourage est un mélange de grâce et de réserve, d'habileté et de générosité. À cela s'ajoute l'ambiguïté de sa force physique jointe à un raffinement certain. Le tout animé d'une vive intelligence.

Thomas a besoin de luxe, de paraître. Il est prodigue de son argent, notamment pour ses divertissements ; il l'est aussi pour les autres, y compris les plus pauvres. Thomas a une conscience très fine de l'ascendant qu'il exerce sur ses proches. Il va en jouer pour atteindre ses objectifs.
Au début, il ne s'agit que de pouvoir, de puissance. L'enjeu deviendra plus grave dans le service de son idéal, dès qu'il l'aura découvert, et se sera ainsi trouvé lui-même.

Henri II Plantagenêt.
Jeune homme de vingt ans, mûri avant l'âge, Henri est un athlète séduisant, taillé pour le combat. Souvent négligé, il accorde peu de prix aux apparences.

D'un naturel secret autant que colérique, affamé d'action, excessif en tout, jouisseur, rustre, Henri se sent trop seul (le poste de Chancelier du royaume est vacant), il cherche une aide, immédiate et durable, un homme avec qui partager les soucis, le poids de la reconstruction du royaume, mais également un compagnon de chasse, de plaisir et de pouvoir.

Dès qu'il rencontre Thomas, celui-ci l'amuse, puis le fascine. Il admire chez le nouveau venu ce qui lui fait défaut. Thomas devient le modèle, l'homme averti, au goût du jour. Il est tout le contraire du roi qui veut le copier pour autant toutefois que cela ne lui demande pas trop d'efforts… D'ailleurs, conscient de sa qualité, Henri s'irritera parfois de cette dépendance. Voici le traditionnel couple attirance - répulsion, en situation.

Thomas, l'ami, le confident, le compagnon de débauche devient très vite le seul rempart contre tout ce qui dérange ou ennuie le roi. Qu'il soit désœuvré, morose ; que le pouvoir des barons, de l'église l'insupporte, que ses déboires avec la reine le courroucent, Henri n'a toujours qu'une seule arme : Becket.

Sans doute aveuglé par sa passion, le roi ne comprendra jamais véritablement l'évolution de son compagnon. Ou trop tard…

Gwendoline.
Compagne d'enfance de Thomas, elle découvre, lorsqu'il revient de France au terme de ses études, un jeune homme métamorphosé dont elle tombe amoureuse. Mais Thomas ne la voit que comme une enfant, à laquelle il voue une grande tendresse, rien de plus. Quand le Roi exigera de son ami qu'il lui livre Gwendoline, celui-ci obéira, contraint et forcé. Le suicide de

Gwendoline inscrira une fêlure, la première, dans les relations de Thomas et du souverain. Au-delà de la fragilité du personnage, Gwendoline cristallise pour Thomas une image complexe de la femme : aimée, voire admirée, mais peut-être asexuée.

Aliénor d'Aquitaine.
L'une des grandes figures du XIIe siècle. Aliénor réunit tous les dons. Belle, cultivée, inspiratrice et protectrice des arts, elle est née pour gouverner.

Deux mois à peine après avoir obtenu l'annulation de son mariage avec Charles VII, roi de France, elle épouse Henri et devient reine d'Angleterre. De dix ans plus âgée que son royal mari, elle en est fortement éprise et lui donnera six enfants. Son amour pour Henri est au moins égal à son goût du pouvoir. Mais bientôt l'influence de Becket sur son époux l'inquiétera : elle devra pourtant se résigner à partager un règne qu'elle eût voulu n'exercer qu'avec le roi.

Dépossédée d'une grande partie de son influence, humiliée par le libertinage d'Henri, Aliénor deviendra une ennemie aussi décidée à lui nuire qu'elle fut résolue à le seconder.

Elle se tourne vers les barons et ses fils pour conduire sa propre politique sur ses terres d'Aquitaine, cherchant même la protection de Charles VII, son seigneur et ancien époux. Sa vengeance se dispensera de nombreuses années jusqu'au jour, où, capturée, elle sera assignée à résidence par le roi d'Angleterre.

Thibaud, archevêque de Cantorbéry.
D'origine normande, comme Thomas Becket, Thibaud est un personnage d'envergure ; sa cour est l'une des plus brillantes du royaume.

Il choisit Thomas, et immédiatement une confiance s'instaure entre les deux hommes. Thibaud fera tout pour introduire Thomas auprès du roi.

Au fil du temps, l'emprise de Thomas sur son mentor ne cessera de croître. À tel point qu'en dépit de leurs divergences, jamais l'affection de Thibaud ne faiblira. C'est lui qui, sur son lit de mort, demandera au roi que Becket soit son successeur. À l'instar de la tradition du ballet, le maître transmet le relais au disciple élu.

Gilbert Foliot, évêque de Londres.
Hypocrite, d'une jalousie maladive, ambitieux forcené, mauvaise langue et flatteur quand son intérêt le lui commande. À la mort de Thibaud, il pavoise

et se voit déjà Primat d'Angleterre, jusqu'à ce que le choix du roi ne vienne brutalement ruiner son ambition. Vengeance et lutte sans merci, à la fois contre Henri et contre Becket.

Les Quatre Barons.
Ils constituent un seul personnage et incarnent ce que jalousie, conservatisme, immobilisme veulent dire ; sans autre foi ni lois que la défense de leurs intérêts particuliers.

LE BALLET

Prologue —*La cathédrale.*
Henri II, la foule, Becket.

Le roi traverse une foule muette. Il s'agenouille devant la tombe de Becket. Après une courte prière, il dépose sa couronne sur le tombeau, laisse tomber sa cape sous laquelle il est vêtu de bure et signe de repentance, s'allonge sur le sol face contre terre, dans une attitude de prostration. Le spectre de Thomas apparaît, Henri implore son pardon. Becket l'absout et disparaît. Le roi semble perdu dans ses pensées …

L'éclairage change, retour en arrière....

Acte 1 — Ascension de Thomas
Scène 1 —*Le Palais royal.*
Henri II, Aliénor, Thibaud, Becket, Gwendoline, les Barons, les évêques, la Cour.

Noël 1154. Le cadre est rustique, voire austère ; les convives éméchés et vulgaires fêtent la nativité.

Entrée de Thibaud, archevêque de Cantorbéry, accompagné de Thomas, son plus proche collaborateur.

L'amitié et la complicité des deux hommes sont évidentes et teintées d'une affection paternelle de la part de Thibaud. Ils sont entourés d'une suite joyeuse et richement vêtue, dans une mode qui tranche avec la tenue de la Cour. Parmi cette jeunesse, Gwendoline suit Thomas comme son ombre, lui témoignant plus que de la tendresse. Thibaud présente Thomas au roi, à la reine, et à toute la Cour.

Immédiatement, Becket est le point de mire de la soirée, sa séduction agit sur tous. Il danse avec Gwendoline, puis avec Aliénor qui percevant le charisme du personnage joue la séduction. Becket, flatté, joue le jeu, avant que Henri agacé n'interrompe la scène. Il a un long entretien avec Thomas, le courant passe entre les deux hommes, on rit beaucoup …

Finalement, le roi quitte la fête accompagné de Becket.

Scène 2 —*Le pavillon de chasse.*
Henri II, Becket, la fille, les filles de joie.

À l'issue d'une partie de chasse, le roi offre son amitié à Thomas et l'entraîne dans un pavillon où l'on fait venir des filles pour le plaisir des hôtes. Scène de divertissement. Une pauvre fille en guenilles balaye la salle. Manifestement, elle n'a pas reconnu le roi qui commence à s'amuser à ses dépens, puis la harcèle et la brutalise. Thomas perd patience, demande à Henri de libérer sa proie. Irrité, Henri emmène la fille.

Tandis que la soirée de réjouissance se poursuit, Thomas s'éclipse.

Scène 3 — *Antichambre de la salle du Trône.*
Aliénor, Gilbert Foliot, les Barons.

Très contrariée par l'escapade nocturne d'Henri et par la complicité de Thomas, Aliénor s'épanche auprès de ses dames de compagnie sur ses infortunes conjugales, passant de la détresse à la colère.

Quand arrive Gilbert Foliot, flanqué des barons, Aliénor le presse de condamner publiquement l'infidélité du roi. L'évêque de Londres tergiverse, son heure n'est pas venue ... Le roi devant prochainement nommer le nouveau chancelier, Gilbert Foliot compte présenter la candidature de l'un de ses hommes liges, afin de pouvoir influer sur le pouvoir royal. Aliénor, percevant le peu d'envergure du candidat, y consent, à condition que Gilbert Foliot en appelle à Rome pour excommunier Henri.

Les Barons et Gilbert Foliot fêtent le soutien d'Aliénor et se dirigent vers la salle du Trône.

Scène 4 —*La salle du Trône.*
Henri II, Aliénor, Thibaud, Becket, Gilbert Foliot, les Barons, les évêques, la Cour.

Séance du Conseil de la Couronne présidée par Henri et Aliénor. La Cour est présente au grand complet, une foule joyeuse se presse. Gilbert Foliot et les barons font leur entrée. Tandis que les barons et les courtisans suppute sur la nomination du nouveau chancelier, Thomas arrive, salue la cour et s'assied aux pieds du roi. Les Barons proposent leur candidat que le roi évince en dépit de la molle insistance d'Aliénor.

Henri se dirige vers un tableau voilé, qu'il découvre : c'est le portrait de Thomas en chancelier. Fier du bon tour qu'il vient de leur jouer, il se dirige vers Thomas et lui remet le sceau d'Angleterre.

Stupeur générale, tollé des Barons, tandis que Thibaud s'empresse, non sans fierté, de féliciter le nouveau chancelier. Aliénor, opportuniste, mais visiblement inquiète, félicite Becket.

Thomas est surpris, mais accepte la charge et fait allégeance au roi, puis à Thibaud, dont il baise respectueusement l'anneau épiscopal. Ignorant avec dédain les barons et Gilbert Foliot, il montre qu'il n'est pas dupe de leur opposition.

Acte 2 — Thomas Chancelier d'Angleterre.
Scène 1 —*Le pavillon de chasse.*
Becket, Gwendoline, Henri II, la fille, les serviteurs.

Tendre tête-à-tête entre Thomas et Gwendoline. Après que Thomas lui a fait don d'une toilette somptueuse, Gwendoline lui déclare sa flamme. Thomas lui explique qu'il l'aime, certes, mais comme une sœur, rien de plus.

Entrée du roi, éméché, traînant derrière lui la fille qu'il jette aux pieds de Thomas. Il exige Gwendoline en échange. Thomas refuse, se révolte puis, devant l'ordre formel du roi, cède.

Henri sort avec Gwendoline. Thomas appelle les serviteurs, donne une bourse à la fille, la rassure et la fait raccompagner.

Quelques minutes plus tard, Gwendoline revient ensanglantée, elle est suivie du roi : plutôt que de s'abandonner à lui, elle a préféré se donner la mort.

Thomas est effondré. Elle meurt dans ses bras en présence d'Henri qui, dégrisé, demande pardon à Becket.

Scène 2 —*Le palais de la Chancellerie.*
Becket, Thibaud, Gilbert Foliot, les Barons, Henri II, les évêques.

Dans la salle des fêtes du chancelier se tient la séance solennelle de l'Échiquier, durant laquelle les fonctionnaires royaux rendent les comptes. Tout se passe autour d'une table tendue d'un drap de velours noir et blanc à damier. Des jetons, selon leur place sur l'échiquier, indiquent la somme prescrite.

Les barons commencent à déposer les valeurs dues au Trésor. L'un d'eux, Henri de Mortemer, fidèle d'Aliénor, rend ses comptes avec la monnaie qu'il a fait battre sur ses terres, et ce en dépit d'une ordonnance royale instituant monnaie unique. Ce défi est insupportable. Thomas le fait arrêter sur le champ à la stupeur des autres Barons. Jamais personne n'a osé les attaquer de front ; ils se retirent en promettant vengeance.

Un intermède avant la réception des dignitaires de l'Église est animé par des danseurs et des jongleurs.

L'arrivée de Thibaud de Cantorbéry, accompagné de Gilbert Foliot, est annoncée. Thomas se précipite pour accueillir son ami de toujours. Les deux hommes sont ravis de se retrouver.

Les gens d'Église rendent compte à leur tour. À l'issue de cette courte séance, Thomas prend la parole et indique que la prochaine campagne contre Malcolm, roi d'Écosse, oblige le trésor à lever un nouvel impôt sur les propriétés épiscopales, exemptées jusqu'alors. Vive réaction des ecclésiastiques, et plus particulièrement de Gilbert Foliot.

Thibaud, bien que surpris, demeure sur la réserve, cependant que l'évêque de Londres ameute le clergé contre cette décision sans précédent, et jure d'en appeler au pape. Les évêques quittent la séance, furieux contre Thomas. Mais Thibaud vient le saluer non sans une tendre indulgence.

Thomas donne le départ d'une nuit de fête. Des pauvres sont introduits, Thomas en personne les accueille et leur fait servir des collations.

Arrivée euphorique du roi. Ayant appris les positions de Thomas face aux Barons et aux évêques, il vient remercier son chancelier. Celui-ci l'accueille avec le protocole dû à son rang, mais témoigne, à titre personnel, d'une réserve marquée. Finalement, pris dans les contradictions de son ambition, de sa fidélité à Henri, et du souvenir de Gwendoline, Thomas prend congé de lui pour retrouver ses amis. La fête bat son plein.

Scène 3 —*Les appartements d'Aliénor.*
Aliénor, Gilbert Foliot, les Barons.

Aliénor est au milieu de ses dames de compagnie. L'ambiance est à la détente, des troubadours et des danseuses de passage font le divertissement.

Gilbert Foliot et les Barons demandent à être reçus. Ils exposent à la souveraine de quelle façon Thomas vient de s'opposer à la fois aux Barons et à l'Église et lui annoncent, l'arrestation de Mortemer. La situation n'est plus tenable, il faut agir : il faut compromettre Thomas. Aliénor rendue amère par trop de pouvoir perdu, heureuse de s'opposer à Henri, accepte de les aider.

Unis par les circonstances, ils prennent la décision de tout faire pour éliminer Thomas.

Scène 4 —*Le palais de la Chancellerie.*
Becket, Gwendoline, Henri II, Gilbert Foliot, les Barons, les évêques.

Thomas, entouré de ses amis, tente d'oublier la lourdeur de sa charge. La compagnie est joyeuse, chants et danses animent la soirée.

Becket, qui se tient à l'écart, est visité par le souvenir de Gwendoline.

Arrivée du roi, de Gilbert Foliot et des Barons. Ils informent Thomas de la mort de Thibaud. Gilbert Foliot a du mal à cacher sa joie, s'attendant à être nommé au siège épiscopal, désormais vacant. Thomas est effondré par la nouvelle. Henri tente de le consoler puis, selon les dernières volontés de Thibaud, le sacre archevêque de Cantorbéry, lui remettant l'anneau épiscopal. Henri, réunissant ainsi entre les mains de son ami les charges du pouvoir temporel et spirituel, pense éliminer toute opposition. Très étonné, Thomas refuse. Devant l'insistance du roi, il devient sombre et lui explique que, s'il accepte cette charge, il ne pourra plus être son confident. Le roi ne comprend pas, il en appelle à leur complicité, à la mémoire de Thibaud ...

Thomas entre dans une longue réflexion, et, tout bien pesé, consent. Gilbert Foliot enrage. Cette décision prise, chacun fait allégeance au nouveau primat d'Angleterre, y compris Gilbert Foliot que Becket reçoit avec une distance teintée d'ironie. Thomas s'avance ensuite vers le roi, hésite, et finit par le saluer avec respect. Il sort, grave et déterminé.

Acte 3 : Thomas, archevêque de Cantorbéry.
Scène 1 —*Les appartements de Thomas.*
Thomas, les serviteurs, Henri II.

Thomas est vêtu d'un sobre habit épiscopal.

Dans son appartement, des serviteurs décrochent les tentures, enfouissent les effets du Chancelier dans les coffres et les emportent pour tout distribuer aux pauvres. Henri paraît, entouré de ses compagnons de fête. Son enthousiasme, sa gaieté tranchent avec l'accueil mesuré de Thomas. Le roi s'enquiert du dépouillement des lieux. Becket lui signifie que désormais, voué à sa charge de primat d'Angleterre, les biens matériels n'ont plus de valeur à ses yeux. Le roi croit à une foucade de son ami. Thomas rend à Henri le sceau d'Angleterre, lui expliquant que ces deux charges sont incompatibles, et que dorénavant il s'en remet à Dieu. Henri, d'abord stupéfait, s'emporte, et quitte brutalement le palais épiscopal.

Scène 2 —*Le Palais royal, salle du Conseil.*
Henri II, Aliénor, Becket, Gilbert Foliot, les Barons, les évêques, la Cour.

Henri est au désespoir ; il ne peut supporter la nouvelle décision de Thomas. Aliénor le console, se fait tendre avec son royal époux, lui laissant espérer une paix conjugale restaurée.

Aliénor n'est là que pour travailler à son dessein : retrouver ses prérogatives de reine.

Les Barons font leur entrée, accompagnés d'un moine accusé de viol. Becket est sur leurs talons.

Les Barons demandent justice au roi. Becket fait valoir que le moine, membre du clergé, ne peut être jugé que par une autorité ecclésiastique. Vive altercation entre le roi et les Barons, d'une part, Thomas de l'autre. Le Primât tient à affirmer l'indépendance de l'Église face au pouvoir temporel. Gilbert Foliot, qui n'a jamais accepté l'ascension rapide de Thomas, voit là une occasion inespérée de gagner les faveurs du roi. Outrepassant ses droits, l'évêque de Londres fait allégeance à la Couronne au nom de l'Église d'Angleterre. Thomas dédaigne cette présomption, et, sans que personne n'ose intervenir, se retire avec sa suite, emmenant le moine.

L'étau se resserre. Dans un accès de colère, Henri se précipite sur le portrait de Thomas et le jette à terre en hurlant ... « *Ah, combien j'aurais souhaité qu'il n'eût jamais existé !!!* ».

Les Barons et Foliot exultent, prenant ce désaveu et ce souhait à la lettre, y voient le consentement du roi à la disparition de Becket. Aliénor plaide toutefois la cause de l'archevêque, la tempérance, tandis que les Barons quittent le palais, résolus, laissant Henri à son tourment.

Scène 3 —*La cathédrale — les tentations.*
Thomas, Aliénor, Gilbert Foliot, Gwendoline, les prêtres.

Thomas est en prière. Des prêtres surviennent, affolés. Ils préviennent Thomas que les Barons sont à ses trousses pour le tuer. Thomas les congédie et continue à prier. Seul, il est assailli par ses pensées, ses tentateurs ...

Le pouvoir : *Renonce à ta vocation, le roi t'offre son amitié et le pouvoir ... Reprends le poste de chancelier, le pouvoir acquis conduit à la gloire ... »*[1]

---
1 - Les textes en italique sont extraits de *Meurtre dans la cathédrale*

Becket se défend : *irai-je m'abaisser à désirer un pouvoir si mesquin ? Ce qui autrefois était élévation ne serait maintenant que chute avilissante ?*
Le personnage se dévoile, c'est Aliénor.

La trahison : *Vous n'avez nul espoir de réconciliation avec Henri. Le roi n'est pas tout-puissant, l'Angleterre est un pays de souveraineté normande, vous et moi, Monseigneur, sommes des Normands. Rejoignez notre heureuse coalition d'intérêts bien comprise, et chassons Henri.*
Becket, étonné, ne peut envisager très longtemps une telle éventualité.
Ému par le souvenir du roi, leur amitié, il revient à lui, et brusquement, explose : *Chancelier, j'ai régné autrefois et des hommes de votre espèce étaient heureux d'attendre à ma porte ... Poursuivez dans vos trahisons, personne ne dira que j'ai trahi le roi !*
Le tentateur se démasque : c'est Gilbert Foliot.

L'Amour : Une femme sensuelle, très belle, tente de séduire Thomas et lui promet un véritable amour. Intrigué par cette femme qu'il ne reconnaît pas, Thomas doute un instant, danse avec beaucoup de tendresse…
Mais non, c'est impossible, mon chemin est tout autre.
L'amour se dévoile, c'est Gwendoline.

L'Orgueil : Le fond de scène s'est transformé en miroir.
Becket prend conscience de sa beauté, de sa valeur, et entrevoit la gloire du martyre ... Il se laisse entraîner dans un solo narcissique. Mais soudainement, sa variation se termine par un saut spectaculaire qui brise le miroir, le traverse, et le délivre de son image.

C'est l'élan mystique. Becket a tout balayé, il s'en remet à Dieu. Tout est consommé, Thomas est à terre, son chemin de croix peut commencer.

Scène 4 — *La cathédrale — le martyre.*
Thomas, Gilbert Foliot, les barons, Henri II, les prêtres

Les prêtres surviennent, affolés, pour avertir Thomas que des envoyés du roi sont aux portes de la cathédrale. Il faut fuir... Thomas demande que l'on ouvre grand les portes, l'Église doit accueillir tout le monde fussent ses ennemis.

Entrent les Barons. Thomas s'offre à leurs glaives dans un geste d'acceptation.

Arrivée du roi, en proie à une grande agitation et colère à l'égard des Barons, car il vient d'apprendre leur tragique interprétation de ses pensées. Il découvre Becket mourant. Il chasse tout le monde et reste seul avec son ami, recueille son dernier souffle.

Alors, Henri et le spectre de Thomas engagent leur ultime dialogue. Que ces errances et ces déchirements ne soient pas vains ...

Becket sera à jamais son guide.[1]

Tristan et Isolde
ou
Les Amants de l'Apocalypse

La légende.

Ce mythe est né de tradition orale, venue du Nord et répandue en Cornouailles, Irlande et Bretagne. Ce n'est qu'au XIIe siècle qu'il fut mis par écrit par de nombreux auteurs parmi lesquels Béroul, Thomas, Frère Robert, Gottfried de Strasbourg au XIIIe siècle et par quelques autres.

De ces différentes versions, il ne demeure que des fragments dont Joseph Bédier a reconstitué la teneur au XIXe siècle et dont voici un résumé :

L'histoire se déroule en plusieurs lieux à travers les mers. Tristan, orphelin, a été élevé par Rohalt et Gorvenal son écuyer, dans la tradition des parfaits chevaliers et de leurs valeurs. Des années plus tard il rejoint son oncle Marc, roi de Cornouailles, frère de sa mère Blanche Fleur décédée en couche et devient son fidèle vassal. Le Roi d'Irlande exigeait alors du roi de Cornouailles un tribut auquel ce dernier ne voulait plus se soumettre. Pour ce faire, il envoie son preux chevalier Tristan combattre en Irlande, le monstrueux Morholt, frère du maître des lieux.

Après une rude bataille au cours de laquelle il prouve sa vaillance et son courage, Tristan blessé, tue le géant. Mais avant de mourir, ce dernier lui confie que seule Yseult, la fille du roi d'Irlande, détient le pouvoir de guérir sa blessure. Il se rend auprès d'elle, qui le soigne, sans savoir qu'il est l'assassin de son puissant oncle. Puis il reprend la mer et retourne en Cornouailles.

Il revient en vainqueur auprès de son oncle, qui souhaite en faire son successeur, mais les nobles s'y opposent, préférant une succession filiale. Le roi déclare alors qu'il épousera la jeune fille dont le cheveu doré a été rapporté par un oiseau. À la vue du cheveu, Tristan se rappelle la princesse Yseult et propose à son oncle d'aller conquérir la main de la jeune fille pour lui.

---
1 - Voir Annexe 4-2 page 127

Il brave alors tous les dangers, tuant un avide dragon qui terrorise le pays. Blessé il est, une fois de plus, accueilli par Yseult et sa mère qui le soignent, même si la princesse comprend que le valeureux chevalier Tristan est celui qui a tué son oncle. Il repart victorieux, avec l'accord du roi d'Irlande, pour la Bretagne en escortant Yseult, destinée à son roi.

La reine d'Irlande a remis un philtre d'amour à la servante d'Yseult destiné à la nuit de noces de la princesse. Durant la traversée, Tristan pris d'une soif irrésistible boit le philtre d'amour et en offre à Yseult. Les jeunes gens essaient de lutter contre ce sentiment naissant, mais ils sont bien vite rattrapés par l'amour inconditionnel qu'ils se vouent.

Yseult épouse le roi Marc, mais tout les ramène l'un à l'autre. Ils se voient en secret puis s'enfuient et se cachent dans la forêt. Les années passent, le pouvoir du philtre s'amenuise, mais pas leur impossible amour. Un jour, le roi découvre les amants endormis, l'un près de l'autre, séparés seulement par l'épée de Tristan, signe qu'il prend pour de la chasteté. Au lieu de les tuer, il échange son épée contre celle de Tristan. Touchés par tant de gratitude, les amants décident alors de se séparer, et Tristan part, le cœur brisé pour la Bretagne.

Il épouse sans amour une dame de Bretagne, mais son esprit tout entier est voué à Yseult. Il retourne en Cornouailles aussi souvent qu'il le peut afin de la retrouver secrètement. Les batailles font rage en ces temps, et Tristan blessé, envoie chercher Yseult, la seule personne au monde capable de le guérir. Il demande qu'une voile blanche soit hissée en haut du mat du bateau qui la ramènera, si elle accepte de le soigner. Les marins embarquent Yseult empressée de rejoindre son bien-aimé et dressent la voile blanche. Mais lorsque le bateau se rapproche des côtes, l'épouse jalouse de Tristan lui affirme que la voile est noire.

Désespéré, Tristan se donne la mort en croyant qu'Yseult n'est pas venue à son secours. Lorsqu'elle arrive à son chevet, la tristesse l'emporte dans l'autre monde. Le roi Marc, digne et respectueux de cet amour contre lequel il ne put lutter, ramène les corps de son neveu et son épouse pour les enterrer côte à côte. La légende dit que durant la nuit, une ronce jaillit de la tombe de Tristan pour s'enfoncer dans celle d'Yseult. On eut beau la couper elle repoussait toutes les nuits. Le roi renonça alors à désunir ces deux êtres liés par un amour hors du temps.

Une ronce symbolique réunira pourtant leurs tombeaux : l'amour est plus fort que la mort.

Tristan et Isolde selon Richard Wagner.
Parmi les multiples sources, il semblerait que ce soit la version de Gottfried de Strasbourg qui aurait inspiré Richard Wagner pour « son » Tristan et Isolde.
Mais bien évidemment, pour des raisons de dramaturgie et de partition, il a considérablement simplifié l'histoire du roman primitif.
Le drame wagnérien débute donc au moment où Tristan mène Isolde à Mark, son futur époux.

Après que Brangäne ait rapporté à sa maîtresse que Tristan ne viendra pas, Isolde, mue par une sombre résolution, la prie d'aller chercher le breuvage, le philtre de mort, que sa mère, reine d'Irlande et magicienne, lui a remis avec le philtre d'amour avant qu'elle ne s'embarque pour Tintagel. Saisie d'épouvante devant tel dessein, Brangäne remet à Isolde, non pas le philtre de mort, mais le philtre d'amour.

Le roi Mark accompagné de ses barons attend sur le rivage. Isolde fait savoir à Tristan qu'elle ne mettra pied à terre s'il ne vient. Il accepte de la suivre. Sous le prétexte de boire ensemble un breuvage de paix, elle lui tend la coupe avec ce qu'elle croit être le philtre de mort. Mais, Brangäne ayant substitué à ce dernier le philtre d'amour, c'est de celui-ci qu'ils boivent, chacun d'eux vidant la coupe de moitié. L'effet est immédiat : ils tombent dans les bras l'un de l'autre, ravis, soustraits à ce monde. Brangäne les rappelle à l'ordre et au mortel danger qu'ils courent. Mais Tristan n'en a cure et répond : « Que vienne donc la mort ! »

Plus tard, c'est à Tintagel, Melot, l'un des barons félons voulant perdre Tristan, réussit enfin à donner la preuve de l'adultère au roi. Tristan, après avoir été blessé une seconde fois lors d'un combat singulier avec Melot, doit quitter la Cornouailles. Il traverse la mer dans une nef et rejoint son château natal en Bretagne.

Au troisième acte, Tristan, blessé à mort, attend Isolde. Il ne cesse de demander à Kurwenal s'il voit venir le bateau. Il meurt à l'instant même où sa bien-aimée débarque. On voit alors une seconde nef apparaître sur la mer. C'est celle de Mark qui, ayant appris par Brangäne que les amants avaient bu le philtre d'amour et qu'ils sont donc innocents, vient pour leur pardonner et pour les unir.

Mais, ivre d'amour, n'étant déjà plus de ce monde, Isolde meurt à son tour auprès de Tristan, qu'elle étreint dans la mort.
Note d'intention.
La saga de Tristan et d'Iseult est un mythe venu de la nuit des temps au caractère archétypique qui n'explique pas, il montre. Il ignore le raisonnement logique dont les personnages incarnent des forces naturelles ou des aspects de l'existence humaine. Ils sont impersonnels, universels, intemporels.

Quand Richard Wagner rencontre Mathilde Wesendonck, l'épouse de l'un de ses mécènes, il découvre dans cette relation l'expérimentation des mécanismes de la passion, d'autant plus dévorante qu'elle fût, semble-t-il, aussi enflammée que platonique.

Bouleversé, Wagner interrompt son travail de composition du *Ring* pour se consacrer à ce qu'il considère comme un hymne à l'amour absolu et donc impossible.

Dans la composition de ce drame, Wagner transcende ses sentiments pour leur donner une forme d'exaltation de la mort et du renoncement au bonheur terrestre.

Pour certains auteurs tels que Hermann Broch, *Tristan* atteint une gravité absolue, il porte le visage de l'antéchrist, non pas le destructeur d'idoles souhaité par Nietzsche, mais bien celui apocalyptique d'Hitler.

Et c'est bien cela qu'il s'agit pour nous : conserver pieusement le fond, mais bousculer la forme, le temps, l'espace.

Cet opéra de Wagner est communément reconnu comme « l'œuvre parfaite ». De ce fait, toute tentative de relecture impose respect et humilité. Point question de s'éloigner du fond de ce drame tant il est intimement lié aux moyens musicaux chargés d'en rendre compte.

Nous mesurons l'inconsciente hardiesse de notre entremise en ballet de ce monument.

Nous nous trouvons dans un contexte temporel très particulier : le compositeur puise son inspiration dans sa propre vie sentimentale, son antisémitisme — presque banal pour ses contemporains —, nous verrons par la suite, la fascination de sa bru pour le Führer et enfin l'attrait, voire la récupération de sa musique par le Troisième Reich. Tout cela nous offre l'opportunité d'en illustrer l'éternelle et triste actualité.

Dès lors, pourquoi ne pas écouter le drame wagnérien en imaginant un Tristan pris au piège de l'histoire de cette société allemande décadente et rongée par le nazisme, dans ce Reich où « Philtre de mort » avait pour noms nazisme, déportation, extermination et dont la ligne de démarcation séparait les amants, déchirait les familles les plus unies ? Comment ne pas songer aux Essenbeck des *Damnés* de Visconti ?

Argument.

Dans les années 20, Markus von Hogendorp, général de la Wehrmacht et Richard Duc de Winchester, alors ambassadeur de Grande-Bretagne en Allemagne, ont tissé de solides liens d'amitié. Winchester y avait rencontré la princesse Ida von Elffenberg, d'origine juive par sa grand-mère maternelle et baptisée dès sa naissance. De cette union naîtra Isolde.

Les enfants des deux familles, Tristan von Hogendorp, Isolde de Winchester et leur ami Kurt sont élevés ensemble dans une affectueuse complicité.

Tristan et Kurt se disputant les faveurs de la belle Isolde qui, amoureuse de Tristan dès son plus jeune âge, attise la jalousie du jeune Kurt.

Nous sommes en 1939[1], Markus von Hogendorp est désormais gouverneur de Bavière, il voit d'un mauvais œil la montée de l'antisémitisme et entre dans une opposition discrète, mais réelle aux thèses nazies.

Tandis que l'état de santé de son épouse est désespéré, le Duc de Winchester est appelé à d'autres fonctions au Japon. Peu de temps après un départ précipité, les nouvelles qu'il reçoit du Reich ne sont pas pour le rassurer. En effet, les mesures anti-juives ne cessent de se durcir. Inquiet, Winchester délègue Meinhard, celui qu'il a choisi pour épouser sa fille, Isolde, auprès de son ami Markus pour lui demander la protection de son épouse et de sa fille bien-aimée.

Von Hogendorp, accepte bien volontiers. À ce moment de l'histoire, Markus est veuf, et son affection pour la jeune Isolde prend, depuis quelque temps, une tournure malsaine.

Il déclare à Meinhart (qui ignore tout de ses sentiments) que la seule solution qu'il « voit » pour sauver la jeune fille, c'est que lui, Markus en

---

[1] – Les lois dites de Nuremberg ont été promulguées quelques années plus tôt. Au titre de ces dispositions, pour être défini comme Juif, il suffisait, indépendamment de ses convictions ou de son appartenance à la communauté juive, d'avoir trois ou quatre grands-parents juifs. De nombreux Allemands qui ne pratiquaient plus le judaïsme depuis des années ou qui n'avaient jamais fait partie d'une synagogue, voire même, convertis au catholicisme, se trouvèrent ainsi pris au piège de la terreur nazie.

devienne l'époux. Il fait valoir que son influence, même fragilisée à l'État-Major du Reich, devrait mettre Isolde à l'abri de toute suspicion.

Meinhart est désespéré. Seul le puissant Kurt pourrait peut-être obliger Markus à renoncer à cette union qu'il juge contre nature.

Markus charge son fils Tristan d'accueillir la jeune fille et sa mère à leur arrivée à la gare de Munich.

Meinhart rencontre donc Kurt ; un Kurt jaloux — qui aime lui aussi Isolde —, fidèle à son idéologie nazi, il juge inacceptable que son intervention n'en vienne finalement à protéger une juive. Lorsque survient Tristan, la tension est à son comble, une violente altercation survient et, dans la confusion, Tristan poignarde Meinhard. Kurt rassure son ami, l'affaire sera étouffée… « On va tout arranger., » dit-il.

En fait, Kurt qui fait partie des officiers les plus zélés des SA n'a de cesse que Tristan ne le rejoigne dans ce funeste engagement.

C'est alors que Kurt propose un marché à son ami : en échange de son engagement aux SA, il obligera Markus à renoncer à son projet, Tristan épousera Isolde. Ainsi, il le promet : elle aura la vie sauve.

Lorsque Tristan et Isolde se retrouvent, celle-ci est déchirée entre sa passion et la haine du crime que son amant a commis et dont elle a connaissance.

Tourmentés par les non-dits, la colère de Markus, la peur des trahisons, les amants vivent douloureusement, secrètement leur passion. Inconsciemment, ils savent…

De fait, quand Markus surprend les amants, il entre dans une violente colère. Il crie à la trahison. Isolde sera sa femme ! Tristan découvre qu'en fait, Kurt n'est jamais intervenu pour dissuader le vieillard.

Dans ce tumulte familial, Kurt et ses sbires font leur entrée. Il vient annoncer à Markus, jugé trop peu « engagé » par les proches du Führer, qu'il est destitué de son poste de gouverneur, quant à Isolde dont il connaît la réalité de ses racines juives, elle sera contrainte de porter l'étoile jaune.

Une violente explication survient : Markus proteste de sa loyauté au régime, Tristan tente de sauver Isolde. La plus grande confusion règne, Kurt éructe des ordres à ses soldats.... Des armes sont dégainées, un soldat fait feu pour tenter de faire revenir le calme le calme, mais Tristan est touché, il s'effondre.

Fou de colère Kurt fait arrêter Markus et Isolde. On les emmène ainsi que Tristan est moribond.

Tous se retrouvent à la gare de Munich, chacun vers son destin.

Isolde ne quitte pas le chevet de Tristan qui, finalement, meurt entre ses bras, suppliant une dernière fois Kurt de sauver sa bien-aimée. Isolde préfère se poignarder plutôt que de rejoindre l'une de ces sinistres et fatales destinations. Mais Kurt, dépité par son amour déçu et fidèle à ses engagements politiques, arrête son geste et la contraint à rejoindre la file des déportés, tandis que les soldats emmènent Markus vers le Q.G. de la SS.

Synopsis.
Les personnages.
Isolde de Winchester.
Tristan von Hogendorp, officier de la Wehrmacht.
Kurt, ami de Tristan, colonel des SA.
Markus von Hogendorp, gouverneur de Bavière, père de Tristan.
Meinhart, fiancé promis à Isolde.
Les invités, les soldats, la foule.
Richard, duc de Winchester, père d'Isolde

Prologue.
Le duc de Winchester, Isolde, Meinhart, Tristan, Kurt.

Nommé ambassadeur au Japon, le duc est sur le départ. Il confie sa fille à Meinhart, qu'il a choisi pour l'épouser. À chacun ses raisons, tous sont plongés dans les affres du désespoir. Tristan et Isolde s'aiment passionnément, Meinhart le sait, il se désespère, Kurt, épris lui aussi d'Isolde enrage.

Tableau 1 : La demeure de Markus von Hogendorp.
Scène 1.
Markus, Tristan, Meinhart, Isolde, Kurt, les invités.

Le gouverneur a invité quelques amis, l'ambiance est joyeuse. Soudain, Kurt fait son entrée accompagnée de sa garde-SA. Le malaise est perceptible… Kurt et ses sbires se montrent très arrogants, provocateurs. Markus l'accueille avec une politesse juste nécessaire, Tristan, quant à lui, soucieux de détendre l'atmosphère surjoue la joie de retrouver son ami d'enfance. Finalement, l'assemblée donne le change, le climat paraît plus serein.

Kurt et ses amis prennent Tristan à part et le pressent de rejoindre leur unité. Celui-ci tergiverse, change de sujet et les entraîne vers les autres invités.

Scène 2.
Les mêmes, Meinhart.
Mais voilà que Meinhart est annoncé. Tous les regards se tournent vers lui. C'est le fiancé d'Isolde, Tristan ne peut en supporter l'idée. Kurt également épris d'Isolde ne méprise ce personnage dont il pense, en outre, qu'il est un ennemi du Reich.
Meinhart transmet à Markus les craintes et la demande du duc de Winchester : qu'il accepte de recueillir Isolde pour la soustraire aux lois anti-juives. Markus accepte immédiatement avec enthousiasme. Ce qu'il faut savoir à ce moment de l'histoire, c'est que le vieil homme veuf s'est épris de la jeune femme. Pour lui, c'est clair, eu égard à son rang, l'épousant, il la rend intouchable. Tristan ignorant tout des arrière-pensées de son père, exulte : il pourra enfin voir Isolde tous les jours. Meinhart se sent piégé. Quant à Kurt il « encaisse » la nouvelle, mais, déterminé, il n'en restera pas là : « rira bien qui rira le dernier ! »

Tableau 2 : *La gare de Munich.*
Scène 1.
Les voyageurs, Meinhart, Tristan, Isolde, Kurt, la garde-SA.
Meinhart arrive à la gare pour y accueillir Isolde, il se fraye un chemin dans la foule. Passablement agacé, Tristan le suit de loin.
Finalement, Isolde arrive, Meinhart l'accueille très chaleureusement… Trop !
Le sang de Tristan ne fait qu'un tour, il se précipite sur le couple et brutalise Meinhart pour l'éloigner de sa bien-aimée. Les deux hommes en viennent aux mains, sous les yeux effrayés d'Isolde. Les voyageurs tentent de les séparer. L'altercation se poursuit, des couteaux sont tirés, et dans la confusion, Tristan poignarde Meinhart et le blesse mortellement. Le tapage a attiré la garde-SA et leur commandant. Kurt s'approche de Tristan et lui met le marché en main : « j'arrange tout, mais tu nous rejoins. »
Tristan reste coi, pétrifié.
La foule se disperse, les SA emportent la dépouille de Meinhart.
Scène 2.
Isolde, Tristan.
Isolde est effondrée par ce qu'elle vient de voir et par la proposition de Kurt. Elle accable Tristan de reproches. Celui-ci est partagé entre sa passion et le prix qu'il va devoir payer pour se sauver. Mais l'amour est si fort que

finalement, inconscients des enjeux, les amants tombent dans les bras l'un de l'autre.

Ils prennent le chemin de la demeure de Markus.

Tableau 3 : La demeure de Markus von Hogendorp.
Scène 1.
Markus, quelques amis puis Tristan et Isolde.

Markus a réuni quelques amis pour attendre l'arrivée d'Isolde.

Mais la bonne ambiance se gâte lorsqu'arrivent Tristan et Isolde. Tristan annonce à son père la mort accidentelle de Meinhart. Aveuglé par son projet, Markus ne pense qu'à présenter Isolde à ses proches, et le fiancé mort, sans aucun scrupule, il leur annonce que pour la protéger, il va l'épouser. Isolde est effondrée, Tristan fou de colère.

Markus, certain de son emprise sur son fils, les abandonne pour entraîner ses convives vers la salle à manger.

Scène 2
Tristan et Isolde.

Ce nouveau coup de tonnerre déclenché par Markus anéantit les amants, mais l'adversité les rapproche plus encore. Ils se jurent un amour éternel quoiqu'il puisse survenir.

Scène 3
Tristan et Isolde, Markus, Kurt, la garde-SA.

Le duo est soudainement interrompu par Markus.

Le vieil homme, avec toute la mauvaise fois de celui auquel nul ne s'oppose, dénonce avec colère, l'ingratitude d'Isolde qu'il se proposait de sauver et la trahison de son fils. Les amants sont abasourdis. C'est dans ce malaise que Kurt et ses compagnons font une entrée fracassante. L'heure de comptes a sonné. Kurt tend à Tristan sa feuille d'engagement. Se tournant vers Markus, il lui reproche son manque de zèle à la cause du régime et le fait arrêter ainsi qu'Isolde, reconnue juive aux termes des lois de Nuremberg. Tristan entre dans une fureur que rien ne peut arrêter, il déchire la feuille et se jette sur Kurt. La garde le neutralise en le blessant très grièvement. On emmène Isolde et Markus ainsi que Tristan agonisant.

Tableau 3 : La gare de Munich.
Scène 1
Tristan et Isolde, Markus, Kurt et la garde-SA, les déportés.

Devant l'horreur de la situation, Markus, pris de remords, veille sur Tristan et lui demande pardon. Dans son délire, Tristan réclame Isolde. Kurt triomphant et cynique jette Isolde aux pieds de Markus, tout près de Tristan.

Dans un ultime effort, Tristan supplie son ancien ami de sauver sa bien-aimée, tandis que celle-ci s'allonge à ses côtés pour lui dire son amour au-delà de tout ce qui pourra lui arriver.

Kurt demeure inflexible tandis que Tristan rend son dernier souffle.

Isolde, désespérée connaissant l'horreur de la déportation, dérobe le pistolet de Kurt pour tenter de se donner la mort.

Mais Kurt la désarme ne souhaitant pas lui accorder une fin aussi rapide, sa vengeance sera la déportation. Il la précipite au milieu de la longue file des déportés. Tandis qu'elle s'éloigne avec ses compagnons d'infortune, Markus qui a pris Tristan dans ses bras, demeure inconsolable sous le regard méprisant d'un Kurt triomphant...[1]

Sâlik[23]

Avant-propos.

C'est un lieu commun que d'évoquer la force attractive de la musique et son influence sur nos sentiments, sur nos états d'âme.

Songeant à cela, il me revient à l'esprit une vieille légende allemande :

Der Rattenfänger von Hameln, raconte l'histoire de la ville envahie par les rats et des habitants qui mouraient de faim. Un joueur de flûte vint à passer qui prétendait pouvoir débarrasser la ville par la seule force de sa musique. Le maire de Hamelin lui promit une prime de mille écus. L'homme prit sa flûte et, comme annoncé, attira les rats qui le suivirent jusqu'à la rivière où ils se noyèrent. En dépit de cela, les habitants revinrent sur leur promesse et refusèrent de payer le joueur de flûte et le chassèrent.

Il revint quelques semaines plus tard, il joua à nouveau de sa flûte, attirant cette fois les enfants de Hamelin qui le suivirent hors de la ville. Les parents, eux, ne les revirent plus jamais...

Par delà l'épilogue dramatique — sans intérêt ici —, cette histoire illustre l'énergie incitatrice de la musique, sa puissance de transport — fût-il

---

1 - Voir Annexe 5 page 127

2 - Dépôt légal décembre 2013 – Droits réservés

3 - Signifie le voyage en farsi

imaginaire — ; sa force attractive comparable à celle d'un aimant ou, plus poétiquement, à celle de la lumière pour les papillons de nuit.

Il ne saurait être trouvé plus juste image pour évoquer le choc ressenti lors de la découverte de l'univers musical de Kayhan Kalhor.[1]

En véritable orfèvre, le musicien iranien se joue aussi bien des mélodies turques ou kurdes, ou encore de celles du répertoire mystique persan, tout en leur donnant une rare impétuosité.

Parfois, il compose des envolées méditatives pleines de soupirs extatiques où résonnent tourments et passion. Ailleurs, il entame un dialogue sombre, méditatif aux lignes mélodiques tantôt déchirantes, tantôt véloces et rageuses, où affleurent les notes d'espoir, portées par une fulgurance combative : celle d'un musicien qui dit, en substance, avoir compris qu'il souhaitait dorénavant jouer sa musique pour se rapprocher des gens.

La magie du Maître Kalhor, notamment dans une partition telle que *Night Desert Silence*, c'est de donner corps, d'illustrer la profondeur du silence — cette impalpable absence — à laquelle il donne vie sans en altérer la plus infime propriété.

Seul le néologisme peut sauver l'expression de notre sentiment : Kayhan Kalhor « mélodise » sa vie.

De fait, nos esprits associent bien souvent les artistes par familles.

Ici, que ce soient les racines persanes du compositeur, son influence soufie, cette idée qui traverse toute son œuvre : « je joue dont je suis » ; ou encore la mémoire du « ce que je crois » ; tout à nos yeux impose l'idée que Maurice Béjart est le frère d'esprit du musicien.

Lui, il « *Danse sa vie*»[2]...

À l'instar de Kayhan Kalhor qui joue sa musique pour se rapprocher des gens, Béjart n'est-il pas LE chorégraphe qui sut , le premier, parler et toucher le public le plus large ?

Parce qu'il veut faire de la danse non un divertissement, mais un levain de la vie des peuples, il a pu pour la première — et malheureusement la seule fois dans l'histoire de la danse occidentale — rassembler un vaste public et un public souvent populaire.

Béjart commente lui-même : « *Ce n'est pas du tout,* dit-il, *une histoire de*

---
1 - Voir Annexe 6-1 page 127
2 - Voir Annexe 6-2 page 129

snobs, l'affaire de quelques balletomanes. Dans ce sens-là, je peux dire que j'ai vraiment réussi ce que je voulais... »

En effet, à Bruxelles sous un chapiteau de cirque, à Paris au TNP ou au Palais des sports, au Festival d'Avignon, dans les grandes fêtes populaires en Espagne, dans un stade olympique, partout il a fait éclater le public traditionnel du ballet.

En écoutant les mélodies de Kayhan, c'est vers ce Béjart, dépositaire d'une certaine idée de la danse, que vont nos pensées ; celui qui considérait le narcissisme comme une maladie de notre société : « *L'ego est un pseudoparavent dans lequel on se cache et où l'on croit exister.* »

Echapper à ce corps narcissique demande de se connaître soi-même afin d'être capable d'entrer en communication avec soi, avec les autres, avec la nature, avec la vie. « *Danser, c'est transcender totalement notre pauvre condition humaine pour participer intégralement à la vie profonde de l'Univers* » (*Ainsi danse Zarathoustra*).[1]

Béjart faisait partie de ces hommes qui savaient que « *la compréhension de n'importe quoi est toujours plus profonde quand elle passe par le corps.* »

Se connaître soi-même, c'est se comprendre comme un tout : un corps et un esprit. Danser, c'est s'apprendre de l'intérieur pour mieux apprendre le monde extérieur, c'est se parler à soi-même pour être capable de parler aux autres, c'est mettre son corps au service du développement de son esprit, et son esprit au service du développement de son corps, c'est entretenir un cercle vertueux de mise en valeur de sa personnalité propre dans sa globalité.

Cette volonté de parler à tous, leur art érigé en chemin de vie, ce « donner à réfléchir » sur soi, cette mission communicante et fédérative sont bien les fondements, l'essence commune à ces deux créateurs de génie que sont Kayhan Kalhor et Maurice Béjart.

Dès lors, on se prend à rêver d'une rencontre, d'un voyage dans le temps, d'un dialogue imaginaire. Dans un monde onirique de l'imaginaire, tout est possible...

Certes tout est possible, à notre condition que, dans l'esprit le rêve reste

---

1 - Voir Annexe 6-3 page 131

vraisemblable, proche de l'univers des protagonistes que nous mettons en scène.

En l'occurrence, et pour mettre Béjart en lien de l'esprit avec le Maître Khalor, nous aimons cette notion de « Passeur » au sens égyptien ou grec du terme qui ferait le chemin inverse en traversant le Styx, mais cette fois, de l'au-delà vers la vie.

Dans son cheminement tant chorégraphique que philosophique, Maurice Béjart a abondamment puisé dans la mythologie universelle.

Me revient alors en mémoire la définition de Frédéric Rossif : « *Un prophète est un homme qui se souvient de l'avenir.* »

En ce sens, par le message qu'il nous a laissé, Béjart est bien un prophète, notamment quand on en revient à ce texte magnifique extrait de *Danser sa vie*[1] :

« *Je suis couché sur le sable chaud du désert.*
Il fait nuit. Au-dessus de moi, des milliards d'étoiles, grains de sable de ce désert noir et pourtant pétri de lumière pure, et au milieu la splendeur de cette clarté qui se penche sur moi :
— *Je t'aime, je viens à toi de la profondeur de l'éternité, donne-moi la main.*
J'ai peur.
— *Dis-moi ton nom.*
— *Si tu ouvrais mon cœur, dans la première chambre tu trouverais un miroir.*
Si tu osais te regarder, peut-être aurais-tu la vision de LA FACE. À condition de savoir écarter le voile.
Je suis l'ami.
— *Dis-moi ton nom.*
Son visage se rapproche de moi.
— *Regarde cette constellation. Les hommes la nomment Grande Ourse ; c'est une rose par laquelle tu trouveras le chemin.* »

Il évoque alors sa rencontre avec le céleste Séraphiel. À ce moment, ne se situe-t-il pas dans la grande tradition commune à toutes les religions du Livre, celle du prophète visité par l'Ange, dont il convient de rappeler que l'étymologie signifie, le Messager ?

Avec délicatesse, et humilité, il ne choisit pas Gabriel, l'Archange des grands Prophètes, mais le discret, le brillant, le noble, le raffiné Séraphiel que la

---
1 - Voir Annexe 6-4 page 133

tradition décrit beau comme la foudre, avec un visage d'ange doté d'un corps d'aigle en flamme. Un oiseau roi couronné portant un saphir.

Si Béjart choisit cet être de beauté, il le fait plus encore, sans doute, par les pouvoirs qui lui sont attribués : son important pouvoir d'inspiration sur les hommes, l'orateur qui sait comment acquérir leur attention, le Messager qui transmet musique et chants.

Séraphiel —Le Passeur sera le porte-voix, le pont entre notre évocation des thèmes chers à Béjart et le chemin mélodique proposé par Kayhan Khalor.

« *Je ne pourrais croire qu'en un Dieu qui saurait danser* »

Friedrich Nietzsche — Ainsi parlait Zarathoustra.

Argument.

« *Les poètes divisent généralement leurs ouvrages en "CHANTS."*
J'aimerais pouvoir chanter ma voix est malhabile et mon timbre sans grâce.
Je ne sais que danser.
Aussi dans ce récit n'y a-t-il pas d'autres tentatives au milieu de mots qui constamment se jouent de moi, que de danser ma vie en Douze Danses. »

Maurice Béjart.[1]

Sur cette proposition du chorégraphe, les danseurs, à l'instar des enfants de Hameln, vont se laisser aspirer par les mélodies de Kalhor et ouvrir avec lui le champ des possibles, entre le Monde d'en haut et le Monde d'en bas ; profane et sacré intimement mêlés.

On connaît l'étendue du registre expressif de Kayhan Kalhor et ses nuances infinies ouvertes sur l'universelle recherche de l'Absolu — quel qu'il soit pour chacun —.

La magie de Kayhan Khalor, c'est que l'on n'entend pas sa musique, mais le bruissement d'un feuillage, le ressac d'une vague brisée, le mouvement de la dune sous les assauts du vent...

En présence du Maître, nous souhaiterions inverser l'habituelle proposition : ici ce ne sont pas la musique et les musiciens qui accompagnent la danse, mais la danse qui accompagne la phrase musicale...

Proposer au spectateur de « composer » son intime ressenti en méditant, en rêvant devant ces danseurs, instruments du voyage proposé par le Maître

---

1 - Voir Annexe 6-5A page 134

iranien qui engagerait avec Béjart un dialogue entre amis, une conversation à bâtons rompus, proposant tour à tour idées, pensées chères à chacun d'eux.

Tandis que la musique de Khalor illustrera les pensées universelles de la tradition persane, Béjart engagera ce dialogue « d'outre-tombe » par la voix du contre-ténor.

La forme devrait être celle d'un « diaporama », un « shooting », une suite d'images, de thèmes, une mise en vision des mélodies tel un kaléidoscope dans lequel la perception change selon le point de vue.

« *Ce mystère, celui du sens à donner à la vie, vous le trouverez peut-être dans cette conversation.* »

Maurice Béjart, une vie : Derniers entretiens par Michel Robert.

Le Ballet.

Mise en place.

La scène d'un théâtre. La cage est vide. Tout est nu : « l'envers du décor » et le backstage sont à vue.

Dans un coin, une estrade couverte de tapis orientaux, sur lesquels sont posés des instruments de musique.

Au fur et à mesure que se déroulera le spectacle, les éléments (pendrillons, rideaux, etc.) apparaîtront, puis disparaîtront pour finir sur un espace totalement nu, seulement habillé de lumières.

Les musiciens prennent place... Ils accordent leurs instruments.

Des danseurs s'échauffent, discutent... Une ambiance telle qu'à aucun moment le spectateur ne doit avoir conscience qu'il assiste à un spectacle, mais qu'il vit les événements tels qu'ils vont intervenir en même temps et avec les artistes. Ainsi, et même s'ils peuvent sortir de scène, les danseurs devraient — dans la lumière ou dans l'ombre — être présent tout au long du spectacle pour donner l'impression d'un huis clos.

Le fil conducteur est le chorégraphe guidé par Séraphiel – Le Passeur —, l'incarnation du Maître, LE danseur classique qui le fascine et l'inspire... Des images, des souvenirs (?) lui viennent à l'esprit et prennent corps avec les danseurs dont il joue à l'instar des musiciens et leurs instruments.

Prélude.

Les musiciens sont présents.

Petit à petit entrent les danseurs qui bavardent, et commencent à s'échauffer.

Ils expriment très nettement leurs différences de style sous les yeux du chorégraphe qui va devoir les fédérer, les canaliser vers son projet. Il regarde et apprécie les qualités de chacun... :

« *...Dans la chorégraphie, je crois organiser ce que font les danseurs, en réalité c'est eux qui m'organisent et me définissent.* »

Maurice Béjart – L'autre chant de la danse.

Certains danseurs sont intrigués par ces musiciens d'un univers différent du leur, alors que d'autres n'y prêtent aucune attention

Shot I. *Le Maître.*

La lumière éclairant les musiciens est douce, mais lumineuse, elle se propagera sur tout le plateau au cours du spectacle.

Les danseurs sont au second plan, tandis que le chorégraphe, comme magnétisé, se laisse aller à une nonchalante rêverie. Dans son parcours, il heurte une chaise, jusque là restée dans le noir.

Quand il la touche, une douche l'éclaire. Elle est vide, c'est celle du Maître — son Maître —, aujourd'hui absent. Avec déférence, il l'installe à l'avant-scène. Elle restera éclairée jusqu'à la fin.

Il termine son solo dans une tendre nostalgie.

Shot II. *Le Maître, Séraphiel.*

Comme par miracle, à peine le chorégraphe a-t-il tourné le dos à la chaise, qu'un danseur s'y trouve installé. Se retournant, il le découvre. Il y voit le rêve de Maurice Béjart, Séraphiel.

« *— Dis-moi ton nom.*
- Je t'aime et mon nom est Séraphiel.
L'être de lumière pénètre en moi par le souffle et ressort par ma gorge ouverte, rivière de feu.
La mer rouge. Le cœur.
Alors toute crainte disparaît de moi, je ne suis plus qu'une vibration au sein de la Vibration. »

Maurice Béjart – L'autre chant de la danse.

Dès lors s'installe un rapport riche, à multiples facettes, entre Séraphiel et le chorégraphe, qui se développera tout au long du ballet et en constituera la colonne vertébrale. Maître/élève, corps/esprit, danseurs complices... Ils seront leaders du groupe des danseurs et le lien de passage obligé entre ceux-ci et Kayhan Kalhor.

Shot III. *En Route...*

Les lumières ont changé. Le solo de Séraphiel, suivi de son duo avec le chorégraphe a fait que les danseurs ont déjà « quitté le théâtre » pour se laisser conduire dans cette ambiance hors du temps.

« La musique lui donne le tempo, il l'écoute et, suivant ce que la flûte joue,
Il va plus ou moins vite, plus ou moins haut.
Combien de vie me faudra-t-il parcourir encore avant d'atteindre le but ?
Combien de MOI dois-je encore tuer avant que la lumière ne m'éclaire ? »

Maurice Béjart – L'autre chant de la danse.

« Ne te demande pas où la route va te conduire.
Concentre-toi sur le premier pas. C'est le plus difficile à faire. »

Les quarante règles de la religion et de l'Amour selon Shams de Tabriz,

Shot IV. *La Femme.*

« Emporte une rose du jardin ;
Elle durera quelques jours,
Emporte un pétale de mon Jardin de Roses.
Il durera l'éternité. »

Saadi — XIIIe siècle — Golestan (Le Jardin des Roses).

Shot V. *La Danse.*

« Et si toi tu danses vraiment, si tu arrives à danser devant eux,
Ils sauront qui tu es, ils connaîtront ton nom.
Grâce à ta danse, ils te comprendront et deviendront aussi tes frères.
Oublie que tu es un homme, deviens le chat et le serpent et la tortue, deviens l'aigle et retrouve le soleil.
Oublie que tu es un homme.
Arrête de penser, arrête de chercher et tu trouveras.
Danse ! Vole, meurs et renais en dansant, Phoenix ! »

Maurice Béjart – L'autre Chant de la Danse.

Shot VI. *La Mue.*

À l'instar de la chrysalide se faisant papillon, les danseurs suivent désormais le chorégraphe et son mentor, Séraphiel, dans leur aventure, sur cette route tracée par Kayhan Kalhor, au terme de laquelle, ils ne seront pas différents, mais plus tout à fait semblables.

« Serions-nous capables, Maître, de nous débarrasser de nos vieux vêtements et de tout ce qui nous encombre, à l'intérieur comme à l'extérieur ? Les quitter pour prendre la route et partir à la rencontre de soi, des autres sans rien attendre en retour... »

Matthieu – 19,27-29

Cet abandon s'apparente également à la mue du serpent, symbole de la Mort et de la Vie, mais également d'Éternité, car, changeant de peau régulièrement il retrouve ainsi l'apparence de la jeunesse. Pour les Anciens, cette mue représente le principe de l'éternel retour, du passage permanent de la vie à la mort et vice-versa.

« De même qu'un serpent se libère de sa peau au moment de la mue, de même le soleil, au matin, se libère de la nuit. »

Anonyme — VIIe siècle.

Mais dans ce « passage », la confiance entre les danseurs doit être totale.

« Pendant la mue, le serpent est aveugle. ».

Ernst Jünger.

« Pourquoi t'es-tu attiré dans le paradis du vieux serpent ?
Pourquoi t'es-tu glissé dans toi-même, au plus profond de toi-même ? »

Nietzsche — Ecce Homo.

Shot VII. *Silence !*

Après l'épreuve de la mue, de la renaissance dans et par la musique de Khalor, Séraphiel demande une pause au sens musical du terme. C'est-à-dire un temps de silence.

Selon Rûmî[1], le silence est un pont entre le langage humain est le langage divin, il ouvre l'oreille à une autre Parole qui n'est pas faite de sons et de mots. Faire silence, c'est devenir le canal du souffle Créateur et Révélateur.

« Regarde ma douleur sans fin et de grâce, ne dis rien !
Regarde mon cœur en sang, regarde mes yeux en pleurs
Il dit : où que je t'emmène, viens vite et ne dis rien ! »

Kulliyât-i Shams yâ Diwân-i Kabir — Rûmî[2]

---

1 - Voir Annexe 6-5B page 136
2 - Voir Annexe 6-5C page 136

« *Ce qui ne peut-être dit avec des mots ne peut être compris qu'à travers le silence.* »

Les quarante règles de la religion et de l'Amour selon Shams de Tabriz.

Shot VIII. *Le combat.*

Ce temps de réflexion silencieuse a mis chacun face à soi-même. Le groupe se désagrège, les ego reprennent le pouvoir face aux influences du chorégraphe et de son « Passeur ». Les danseurs se « rebellent » chacun à sa propre vision de la création en cours.

Le rapport de l'Ego au Moi, du Moi à l'autre. Chacun porte en soi l'Ange et le Démon.

« *...Alors il lui donna une pureté sans limites*
et produisit son opposé à partir des ténèbres.
Temps après temps, génération après génération,
les deux camps continuèrent à se faire la guerre. »

Mathnavî-i ma'nawi. Rûmî 1258-1261 — La Quête de l'Absolu — Traduction Reynold A.Nicholson.

Shot IX. *Ivresse.*

Après cette « lutte » qui n'a connu ni vainqueur ni vaincu : chacun restant sur son quant-à-soi, transe ou vapeur d'opium des narguilés, les danseurs se laissent envahir par une douce ivresse...

« *Regarde le mouvement des quatre éléments !*
L'eau est ivre, le vent est ivre, la terre et le feu sont ivres.
...L'âme est ivre et la raison de même, ivre est la Terre et ivres sont les secrets. »

Kulliyât-i Shams yâ Diwân-i Kabir — Rûmî

Shot X. *Sarabande.*

... qui se termine par une danse générale endiablée.

« *O jour, lève-toi,*
Les atomes dansent,
Les âmes éperdues d'extase dansent
...Que les atomes entrent dans la danse !
Afin que de joie sans pieds ni têtes, les âmes entrent dans la danse.
Celui pour l'amour de qui danse le firmament
Je te dirai à l'oreille où est le lieu de sa danse. »

Rûmî — texte repris par Maurice Béjart pour son ballet éponyme.

Shot XI. *Le but ?*
Après ces « débordements », le chorégraphe, guidé par Séraphiel, redonne corps au groupe afin qu'ils prennent une vraie conscience du chemin tracé par la musique de Kalhor.

« Nous sommes nombreux en apparence,
mais ne faisant qu'un dans l'âme,
détachée de nous-mêmes,
réunis enfin, nous sommes. »

Mowlânâ Jâaâleddin Baalkhi, Kolliat-e-Shams.

Shot XII. *Final.*
On se souvient qu'il manquait à Rûmî d'avoir atteint le cinquième degré, «le vide», là où va s'intégrer la danse qui mène à l'extase.

« Quand la musique cessa, nous nous inclinâmes devant les forces essentielles de l'univers : le feu, le vent, la terre et l'eau et devant le cinquième élément — le vide. »

Soufi, mon amour — Elif Sharaf.[1]
(Propos prêtés par l'auteure à Shams de Tabriz.)

« Sans la musique, la vie serait une erreur, une besogne éreintante, un exil. »

Friedrich Nietzsche —Le Crépuscule des idoles.

Zheng Hi[2]

Préface.
Tout à la fois, Marco Polo, Christophe Colomb ou encore Magellan, l'histoire se confond à la légende lorsqu'elle évoque, le Grand Eunuque — Amiral Zheng Hi.
Outre son incroyable talent de navigateur, de chef, d'explorateur et in fine, d'ambassadeur de la Chine, il restera toute sa vie fidèle à ses racines et à son père.
Par delà l'Eunuque — Amiral tout puissant et couvert d'honneurs et de Gloire, il y a Zheng avec son histoire personnelle, ses racines, son passé, ses

---

1 - Voir Annexe 6-D page 137
2 – Dépôt légal janvier 2015 – droits réservés

blessures et par-dessous tout sa fidélité à la mémoire de son père disparu laissant un vide jamais comblé.

C'est cette dualité que nous souhaiterions mettre en danse : le Brillant et l'Intime, l'Ombre et la Lumière.

Avec le paradoxe que nous choisissons, comme un contre-pied, c'est dans la part de son intimité recherchée que se trouve la Lumière — qu'il trouvera La lumière.

De la danse-performance à une expression plus intimiste, c'est cette alternance que nous proposerons : l'un répondant à l'autre, l'un nourrissant l'autre.

Ce dialogue devra être accompagné, souligné et mis en exergue par la musique. Dès lors, la construction pourrait être celle d'un « Concerto pour chorégraphe et orchestre »...

Un Concerto tel que les musicologues le définissent dans son acception baroque.

« ... *Dialogue, la rivalité de différents groupes... une forme d'alternance typique de l'énoncé musical, à la façon d'une discussion...* ».

Tantôt à l'unisson, tantôt séparés, « les musiciens » viendraient appuyer le cheminement de Zheng He, en laissant à la musique de l'Intime lumineux.

Avant-propos.

Injustement peu connu en Occident, Zheng He, est tout à la fois, Marco Polo, Christophe Colomb ou encore Magellan, et l'histoire se confond à la légende lorsqu'elle évoque, le Grand Eunuque — Amiral Zheng Hi.

Outre son incroyable talent de navigateur, de chef, d'explorateur et in fine, d'ambassadeur de la Chine, il restera fidèle à ses racines et à son père toute sa vie durant. Jamais il n'oubliera la promesse faite à son père de revenir un jour à La Mecque.

Tout au long de ses missions, l'Amiral laisse derrière lui « l'Esprit Zheng He », celui de la conquête par le rapprochement et le respect des peuples. Le commerce, la culture sont les armes pacifiques du Grand Amiral, même si quelques fois, force oblige, le canon gronde...

Les voyages de Zheng He, véritablement amicaux et commerciaux, ont été en fort contraste avec les aventures de ses homologues européens partis coloniser des territoires quelque cinquante ans plus tard.

Derrière Zheng, l'Eunuque — amiral, tout puissant, couvert d'honneurs et de Gloire, il y a Ma He, cet enfant arraché à sa terre, à sa famille, à sa culture, à son histoire.

Note d'intention.

Tout en restant fidèle à l'histoire — peut-être plus à l'esprit qui a la forme — il convient de construire une dramaturgie forte, lisible par le public, en nourrissant l'intrigue sans la surcharger.

Dans cet esprit, tous les aspects logistiques tels que les bateaux, leur construction, la flotte, les voyages en eux-mêmes sont volontairement absents.

En effet, il s'agit de concevoir un ballet pour une soixantaine de danseurs et non une « superproduction » tel que pourrait l'envisager le Cirque du Soleil, par exemple.

En sus, s'agissant d'un spectacle destiné à partir en tournées, cela ne peut être neutre quant à la conception des décors.

Enfin, sur un plan strictement théâtral, comme vous pourrez le constater l'histoire a été condensée, allégée, notamment sur le plan philosophique, voire mystique.

Néanmoins, je persiste à croire que la personnalité de Zheng He, son histoire, ses blessures, restent au centre et expliquent l'incroyable destin de cet homme et par là-même le succès de son entreprise ainsi que rayonnement qu'il a donné à la Chine de son époque.

Le Ballet.

Acte I.

À Kunyang, province du Yunnan.

Première Partie : Le retour du Seigneur Ma.

De retour de son pèlerinage à la Mecque, le seigneur Ma, est accueilli avec enthousiasme par les autorités de la ville et le peuple, réunis devant son palais, pour l'occasion.

Le seigneur Ma s'avance sur le parvis de sa maison qui donne sur la place. Il y est accueilli par les gens de sa maison, sous la conduite de Jin Hong.

Après une courte cérémonie où l'on boit et l'on danse, Jin l'entraîne à l'intérieur de la maison.

Là se trouvent sa fille et son fils aîné. Jin lui montre les nombreux cadeaux offerts par les dignitaires, les marchands et les familiers. Ma ne peut cacher son émotion.

Puis Jin lui présente enfin Ma He, le dernier né quelques semaines après son départ en pèlerinage. Fou de joie et de fierté, il admire l'élégance, la maturité du jeune homme. Il commence à raconter le sens de son voyage…

Mazu, la Déesse qui l'a accompagné et protégé tout au long son voyage apparaît et lui déclare que ce fils aura un destin hors norme.

Deuxième Partie : La mort du Seigneur Ma.
Dans les appartements du Seigneur Ma.

Le temps a passé…Celui-ci est allongé sur un sofa, vêtu d'une ample robe de soie pourpre. Visiblement, la fin est proche. Mazu se tient près de lui. Le jeune Ma He ne se lasse pas s'écouter son père raconter ses voyages… Son voyage ! Le Seigneur répond à toutes les questions avec patience et convictions. Il insiste et revient sans cesse sur le but sacré de son voyage.

Ma He enflammé par ces récits, s'écrie : « Moi aussi, j'irai à la Ville Sainte ! ».

À bout de force, Le Seigneur fait un geste, comme pour indiquer à Ma He une direction qui désignait, en fait, le haut de la montagne, la direction de la Mecque. Il rend son dernier soupir. Mazu étreint Ma He, puis disparaît.

Troisième Partie : L'enlèvement.

Les villageois, la famille, le jeune Ma son rassemblés, lorsque tout à coup, des bruits se font entendre. De plus en plus violents, de plus en plus proches. Avant qu'ils n'aient le temps de se cacher, un groupe de soldats surgit à l'entrée du jardin.

Tous les habitants de Kunyang sont capturés, beaucoup sont massacrés. Le chef des soldats, apercevant le jeune Ma habillé de satin et de soie, décide de l'emmener pour en tirer un bon prix. Ma He se débat, mais il est emporté par les soldats qui quittent les lieux dévastés.

Acte II.
À Beijing au Palais Impérial.

Première Partie : La castration — (quand Ma He devient Zheng He…).

Tous vêtus de blanc, Ma He et une dizaine de garçons sont réunis sous la garde des soldats. Ils sont l'objet de toutes les attentions, de tous les soins de la part du chirurgien et de ses aides, sous l'œil attentif de Liu Fei, l'homme de confiance du prince Yan.

Les garçons sont agités : ils connaissent leur destin et l'opération qu'ils vont subir. Pour calmer leurs inquiétudes et les mettre dans un état second, on leur donne un breuvage. Ils tombent en léthargie.

Ma He fait un rêve : Mazu lui apparaît, elle assure qu'elle l'accompagnera tout au long de sa vie et qu'elle lui donnera la force d'affronter cette épreuve et l'assure qu'une vie nouvelle, extraordinaire l'attend.

Ma est tiré de son sommeil par le chirurgien et ses aides qui l'attachent sur une table et glissent dans sa bouche une grosse boule de coton. Ma ne dit mot, ni ne lâche un cri !

L'opération terminée, il se repose.

Liu Fei, témoin de ce courage hors norme, s'en va quérir le prince Yan, pour lui présenter cet eunuque à la noblesse d'âme et au courage exceptionnels. Les deux hommes sont bouleversés par la sérénité du jeune MA, son savoir et sa sagesse.

Mazu survient, prend Yan à part, s'entretient avec lui et disparaît.

Le Prince s'adresse alors à Ma : « Désormais tu te nommeras Zheng He, tu seras éduqué comme mon propre fils, confie Ma à son homme de confiance en lui demandant d'en prendre le plus grand soin et de lui donner une éducation digne d'un fils.

Deuxième Partie : L'éducation.

La danse sera, ici, l'allégorie de la formation que reçoit le jeune Zheng He. À elle seule, elle représentera toutes les matières qui lui furent enseignées.

Les jeunes eunuques reçoivent l'enseignement de Lui Fé, mais chaque jour, Yan vient lui-même peaufiner et approfondir l'art enseigné.

Troisième Partie : Le Sacre.

L'empereur Huidi et l'Impératrice ayant péri dans l'incendie du palais impérial. C'est aujourd'hui la fête au nouveau palais Le Prince Yan devient empereur sous le nom de Zhu Di.

Dans la grande salle, une foule nombreuse se presse pour fêter joyeusement l'événement. Les danses se succèdent. Dans cette ambiance joyeuse, Zheng He est songeur. Soudain, Mazu vêtue de blanc vient à lui.

Comme hors du temps et de la fête, ils se livrent à un tendre duo de bienveillante tendresse.

Mais soudain, on vient lui faire savoir que l'Empereur le réclame auprès de lui.

Mazu disparaît. Il revient à la réalité.

Zhu Di demande le silence. Il annonce à tous qu'il nomme Zheng He amiral de la flotte impériale et qu'il doit partir immédiatement rejoindre son commandement.

Zheng He ne peut cacher sa stupeur, il remercie très respectueusement l'Empereur ; fait ses adieux à tous et à chacun et quitte la salle alors que la fête continue.

Acte III.

À Beijing au Palais Impérial.

C'est le 23 du troisième mois lunaire, jour anniversaire officiel de Mazu.

Toute la cour est assemblée autour de l'Empereur et de l'Impératrice qui ont organisé une grande fête pour l'occasion et honoré la déesse protectrice de la flotte impériale.

Les festivités battent leur plein tandis que l'on annonce le retour de Zheng He et de la flotte. La joie est à son comble et chacun y voit un témoignage supplémentaire de la bienveillance de Mazu à l'égard de la Chine.

Zheng He et ses hommes font leur entrée. Ils sont accueillis par l'Empereur qui installe Zheng He à ses côtés.

L'Amiral raconte à tous son voyage et présente à l'Empereur les richesses qu'il a rapportées :

Il conviendrait de concevoir sept danses (solo, duo, groupes...) symbolisant chacun des voyages de l'Amiral.

Danse 1. Vietnam —Danse 2. Inde —Danse 3. Afrique —Danse 4. Malaisie —Danse 5. Indonésie —Danse 6. Royaume de Kotte (Sri Lanka)

La septième danse - (épilogue)

Tandis que la 6e danse se déroule, Mazu s'approche de Zheng He et l'entraîne avec elle. Tandis que tous disparaissent, ils restent seuls.

Mazu (solo) lui montre la montagne sacrée (Adam's Peak) comme but et commencement de La Vie. S'il accepte la Mort, il sera à jamais le symbole de l'amour des peuples, des religions, mais également l'idéal d'une Chine porteuse de paix.

Le vieil Amiral comprend que l'heure est venue « *Serait-ce la Mort ?* »

Résigné et serein, il remercie Mazu pour tout ce qu'elle lui a offert et la protection sans faille dont il a bénéficié.

Une dernière fois, Mazu le prend dans ses bras.

« *Nous sommes deux en apparence, mais ne faisant qu'un dans l'âme,*

détachés de nous-mêmes, réunis enfin, nous sommes, »

Mowlânâ Jâaâleddin Baalkhi, Kolliat-e-Shams.

Zheng He exhale son dernier souffle.

Orphée[1]

Orphée et Eurydice.

Après son mariage avec Orphée, Eurydice fut mordue au mollet par un serpent. Elle mourut puis descendit au royaume des enfers. Orphée décida alors d'endormir Cerbère de sa musique, celui qui gardait l'entrée des enfers, et les terribles Euménides afin d'approcher le dieu Hadès.

Orphée parvint à faire fléchir le dieu grâce à sa musique et Hadès le laissa repartir avec sa femme à la seule condition qu'elle suivrait Orphée et qu'il ne devrait ni se retourner ni lui parler tant qu'ils ne seraient pas revenus tous deux dans le monde des vivants. Mais au moment de sortir des enfers, Orphée, inquiet du silence d'Eurydice, ne put s'empêcher de se retourner vers elle et celle-ci lui fut retirée définitivement.

Avant-Propos.

Nous évoquons souvent la permanence des mythes, leur intemporalité. Ainsi donc, ils traversent les époques en résonnant, suivant ce qu'elles sont, dans des tonalités différentes.

La force de ces histoires mythiques demeure intacte de plus, la connaissance du passé aide à comprendre le présent.

Comment, sans en changer le sens, peut-on aujourd'hui appréhender cette « descente aux enfers » ?

---

1 – Dépôt légal décembre 2016 – droits réservés

Notre souci premier est de faire de la notion d'enfer, abstraction de toute connotation religieuse.

Jean-Paul Sartre dit dans l'une de ces pièces : « *l'enfer c'est les autres* ». Mais cette formule a été souvent mal comprise. On a cru que Sartre voulait dire par là que nos rapports avec les autres étaient toujours empoisonnés, que c'était toujours des rapports infernaux. Or, c'est tout autre chose. Il veut dire que si les rapports avec autrui sont tordus, viciés, alors l'autre ne peut être que l'enfer. Pourquoi ? Parce que les autres sont, au fond, ce qu'il y a de plus important en nous-mêmes, pour notre propre connaissance de nous-mêmes. Quand nous pensons sur nous, quand nous essayons de nous connaître, au fond nous usons des connaissances que les autres ont déjà sur nous, nous nous jugeons avec les moyens que les autres ont de nous juger. Quoi que l'on dise sur soi, toujours le jugement d'autrui entre au-dedans. Quoi que l'on sente de soi, le jugement d'autrui entre au-dedans. Ce qui veut dire que, si nos rapports sont mauvais, nous nous mettons dans la totale dépendance d'autrui et alors, en effet, nous sommes en enfer.

Dans *Huis clos,* Sartre donne une vision intéressante de ceux qu'il appelle les « morts ». Ce sont pour lui les gens encroûtés dans une série d'habitudes, de coutumes, qu'ils ont sur eux des jugements dont ils souffrent, mais qu'ils ne cherchent même pas à changer. Et que ces gens-là sont comme morts, en ce sens qu'ils ne peuvent pas briser le cadre de leurs soucis, de leurs préoccupations et de leurs coutumes et qu'ils restent ainsi victimes souvent des jugements que l'on a portés sur eux.

À partir de là, il est bien évident qu'ils sont lâches ou méchants. C'est pour cela qu'ils sont morts, c'est pour cela, c'est une manière de dire que c'est une « mort vivante » que d'être entouré par le souci perpétuel de jugements et d'actions que l'on ne veut pas changer.

De sorte que, en vérité, comme nous sommes vivants, il a voulu montrer, par l'absurde, l'importance, chez nous, de la liberté, c'est-à-dire l'importance de changer les actes par d'autres actes. Quel que soit le cercle d'enfer dans lequel nous vivons, il pense que nous sommes libres de le briser. Et si les gens ne le brisent pas, c'est encore librement qu'ils y restent. De sorte qu'ils se mettent librement en enfer.

C'est sous ce prisme que nous souhaitons voir Orphée aujourd'hui.

On pose, en effet, la question de savoir si l'homme est par nature moralement bon ou mauvais. Il n'est ni l'un ni l'autre, car l'homme par nature n'est pas du tout un être moral, il devient un être moral que lorsque sa raison s'élève jusqu'aux concepts du devoir et de la loi. On peut cependant dire qu'il contient en lui-même à l'origine des impulsions menant à tous les vices, car il possède des penchants et des instincts qui le poussent d'un côté, bien que la raison le pousse du côté opposé. Il ne peut donc devenir moralement bon que par la vertu, c'est-à-dire en exerçant une contrainte sur lui-même, bien qu'il puisse être innocent s'il est sans passion. La plupart des vices naissent de ce que l'état de culture fait violence à la nature et cependant notre destination en tant qu'hommes est de sortir du pur état de nature où nous ne sommes que des animaux.

Notre Orphée se situera au sein du débat de l'instinct et de la raison.

Orphée aujourd'hui.

Il est une évidence : les mythes, à fortiori celui d'Orphée, possèdent plusieurs lectures. La première et la plus simple est celle d'une fable, lecture purement mythique. Celle-ci met en avant les vices et les vertus morales de l'homme : l'Amour d'Orphée pour Eurydice qui le pousse à un acte de courage pour aller chercher sa bien-aimée dans les enfers au péril de sa vie. Malheureusement, cet acte le fait basculer dans la désobéissance.

Bien entendu, cette lecture mythique n'est pas suffisante et ne doit pas occulter un sens caché beaucoup plus profond.

Le mythe d'Orphée illustre également les deux éléments fondamentaux du destin humain : l'amour et la mort. Malgré la mort d'Eurydice, Orphée lui est toujours fidèle : c'est le triomphe de l'amour sur la mort. Malheureusement, c'est aussi cet amour passionnel pour Eurydice qui va entraîner la jalousie des bacchantes et donc, la mort d'Orphée.

Par delà la mort, il pose la question d'une éventuelle résurrection.

Au-delà de ces leçons sur la vie, le mythe d'Orphée à une réelle dimension mystique. En effet, Orphée est à l'origine d'une doctrine philosophique et religieuse appelée orphisme. De ce qu'il reste de cette doctrine, l'âme est immortelle et la réincarnation existe, mais la vie éternelle dépend de la vie menée sur la terre.

Certains penseurs disent même que le christianisme aurait un lien étroit avec l'orphisme. De fait, plusieurs doctrines autour de la vie éternelle se ressemblent.

Pour conclure, nous pouvons affirmer que le mythe d'Orphée est un mythe fondateur étant donné qu'il est à l'origine du lyrisme, de l'orphisme et du christianisme et qu'il a servi de leçons morales pour les hommes. De plus, ce mythe a influencé de nombreux artistes depuis l'antiquité ce qui illustre sa permanence.

Personnages.

Lui.

Qui est-il ? Un gourou sectaire ? La noirceur de l'âme humaine ? Un manipulateur ? Un fondamentaliste religieux... Sans doute, tout cela à la fois. Il se cache parmi nous, semblable à nous, pour gagner notre confiance et se révéler soudain comme un prédateur. « *L'agressivité se manifeste aussi de façon spontanée, démasque sous l'homme la bête sauvage qui perd alors tout égard pour sa propre espèce.* »

(Freud, Malaise dans la civilisation.)

Orphée.

Amoureux transi, innocent et donc inapte à vivre dans une société faite de violence, de fourberies et de calculs. Il est l'homme originel, idéaliste qui ne peut concevoir le mal.

Eurydice.

L'être humain tel qu'il est. Amoureux, mais versatile, parfois doutant et n'ayant pas retenu la maxime de La Fontaine : « *Tout flatteur vit aux dépens de celui qui l'écoute* » ...

Les Uns, Les Autres.

Le peuple tel qu'il est, versatile, prêt à toutes les aventures, brûlant aujourd'hui c'est qu'il a hier adoré.

Le Ballet.

L'action se situe dans notre société d'aujourd'hui. Quelque part, n'importe où. La vie coule tranquille, quand soudain, sorti de nulle part, c'est-à-dire parmi les nôtres survient le mal, la destruction auxquels peu savent s'opposer et en sont, quoi qu'il en soit, les victimes.

Scène 1.
Orphée et Eurydice.

Orfeo et Eurydice viennent de célébrer leur mariage. Leur bonheur est complet, leur amour intense et sans nuage.

Scène 2.
Orphée, Eurydice, LUI parmi Les UNS.

Les amoureux rencontrent des gens (Les Uns) qui organisent une fête improvisée pour célébrer leurs épousailles. Mais soudain, LUI se détache du groupe et commence son travail funeste.

Scène 3.
Les mêmes.

LUI montre son emprise sur les Uns qu'il rallie assez facilement à sa cause. Ils deviennent ainsi Les Autres. Même Eurydice n'est pas insensible à ce « beau parleur ». Tous s'en vont, entraînant Eurydice avec eux. Seuls Orphée et Lui restent face à face.

Scène 4.
Orphée et LUI.

Duo opposant les plus bas instincts de l'homme à la raison.

Finalement, LUI sort pour rejoindre Les Autres.

Orphée désespéré part à la recherche d'Eurydice.

Scène 5.
Eurydice, LUI et Les Autres, bientôt rejoints par Orphée.

Alors que tous sont désormais sous le pouvoir maléfique du Maître (LUI), Orphée survient pour demander qu'Eurydice lui soit rendue.

Certain de son pouvoir, LUI accepte, à la condition qu'Orphée lui obéisse une dernière fois et qu'il s'en aille avec sa bien-aimée, sans se retourner.

Orphée commence à partir, mais Eurydice hésite entre son amour et l'avenir brillant que le Maître lui a fait miroiter. Orphée s'inquiète de ne pas sentir Eurydice sur ses pas. Il se retourne !

Scène 6.
Les mêmes.

Lui triomphe et entraîne tout le monde dans une danse diabolique tandis qu'Orphée s'effondre vaincu par sa douleur. Le monde s'est offert à la dictature du mal. Oui, nous sommes bien au XXIe siècle.

Medea[1]
About Medea.

Depuis la nuit des temps, les légendes antiques n'ont cessé d'inspirer les plus grands artistes et ont conservé leur valeur primitive : expliquer.

Par voie de conséquence, le mythe n'est pas une « histoire vraie », avec une seule version ; mais au contraire, les artistes successifs accumulent les variantes et construisent ensemble la légende.

« Il n'existe pas de versions vraies du mythe dont toutes les autres seraient des copies ou des échos déformés. Un mythe se compose de l'ensemble de ses variantes. C'est sa définition même. » Claude Lévi-Strauss.

Le mythe n'a pas besoin d'être inventé ou retouché pour entrer en parfaite résonance avec notre monde contemporain et ses enjeux.

Le caractère éminemment atemporel de ses personnages et de ses intrigues incite à aborder les questions de fond qui ne dépendent ni d'une époque ni d'un lieu précis.

Recourir au mythe permet de ne pas citer ouvertement les attitudes ou les idéologies à critiquer : en somme, il sert de couverture. Ainsi l'autorité de la culture classique et de ses fondements donne plus de force à la dénonciation. Comme tant d'autres mythes, Médée puise sa force narrative et émotionnelle dans l'universalité, l'intemporalité des thèmes qui y sont abordés et qui demeurent, au cours des siècles, les points névralgiques des cultures et plus particulièrement de notre société occidentale. Ainsi et en premier lieu, le thème de la relation amoureuse (ici fusionnelle jusqu'au tragique) ; un couple au bord du déchirement qui mettra ses protagonistes face à la solitude — autre thème omniprésent dans cette histoire —. Comme le dit Jean Anouilh[2] : « *...la rencontre de deux solitudes que l'on appelle un couple* ».

Que ce soit Anouilh ou Pierre Corneille[3], leurs visions nourrissent l'éternité nuancée du mythe et du dramatique.

Un autre aspect de l'histoire résonne avec force aujourd'hui : Médée est une apatride, une exilée, tolérée puis rejetée qui nous interpelle sur le rapport à l'étranger, la xénophobie, le déracinement.

---

1 – Dépôt légal janvier 2017 – droits réservés
2 – Voir Annexe 7A page 138
3 - Voir Annexe 7B page 139

Enfin, Médée n'est finalement rien de moins qu'un « serial killer » !
N'oublions pas qu'elle a déjà tué ou fait tuer son propre frère Apsyrtos, Pellias le roi de Thessalie, Persès, son oncle, Créuse, sa rivale et enfin, perdant Jason, ses enfants qui n'ont alors, plus de raison d'être à ses yeux.

Transposé de nos jours, le « cas » Médée n'est pas sans ressemblance avec Magdalena Solis cette Mexicaine, que l'on présentât comme la réincarnation d'une déesse — et qui finit par y croire elle-même — ainsi, meurtres, incestes, infanticides, tout y passait lors de rites violents... Toutefois, les motivations de Médée sont d'un tout autre ordre. Médée donne à voir une vision barbare du monde. Un monde vu par le prisme de la folie meurtrière.

Argument.

Nous avons vu que le personnage éponyme présente tous les caractères extrêmes de la passion, aussi bien dans l'amour, dans la dévotion que dans le désir de vengeance et de cruauté.

Notre choix délibéré est de montrer une Médée, au contraire de la légende, de nature purement terrestre dont la violence est calculée, préméditée, répondant à une réflexion antérieure qui n'a rien d'une pulsion soudaine et dévastatrice.

Elle sera ici le type même de l'être déshumanisé, caractérisé par le « furor », le « dolor » et le « scelus nefas » (« meurtre innommable »).

Tout comme Hoffman, librettiste de l'Opéra de Cherubini, nous inviterons le public à adopter cette perception d'une Médée « terrible ».

« *Des plus noires horreurs mon âme possédée...*
Tremblez ! À ses fureurs vous connaîtrez Médée. ».

Dans un moment de doute, elle essaiera de rendre Jason responsable de son geste, de sa chute et de son désastre.

« *Vous voyez de vos fils la mère infortunée, criminelle pour vous, par vous abandonnée...* ».

Sa nature reprend vite le dessus, elle surmonte toutes les inhibitions humaines, optant sciemment pour son statut de l'étrangère, de la barbare, incapable de vivre dans un monde humain et d'en suivre les lois.

« *Achève d'étouffer dans mon cœur tout sentiment humain.*
Maintenant, je suis Médée, et mon génie grandit dans le mal.
Je jouis, je jouis d'avoir décapité mon frère

Je jouis d'avoir découpé ses membres et déshonoré mon père en secret,
Je jouis d'avoir armé des filles pour tuer un vieillard !
Tu apporteras une main expérimentée vers tous ces crimes. ».

Notre Médée est une femme peu commune, une femme qui a toujours beaucoup à nous dire. Une femme qui ne cherche pas à différer son destin, mais qui essaie de — et parfois réussit à — façonner le destin à sa mesure, contre toute attente. Une femme qui n'abandonne pas, vertu qui a perduré jusque dans la modernité. En ce sens, Médée est une créature humaine extrêmement moderne. L'histoire de cet amour qui n'a d'autre issue que le meurtre innommable.

Personnages.
Medea — Jason — Les deux enfants — Le précepteur/La Mort

Le Ballet.

Tableau 1.

Les enfants se promènent, ils jouent innocemment, ignorant que ce précepteur qui les accompagne n'est autre que la mort.

Médée entre. Elle est tourmentée, comme si elle voulait enlever cette robe et laver ses mains tachées du sang de toutes ses victimes.

Elle n'a aucun mouvement vers ses enfants et leur précepteur qui sortent.

Tableau 2.

Premier solo de Médée.

Même si elle en refuse l'idée, elle sait qu'elle perd Jason. Elle erre entre désespoir et colère.

Tableau 3.

Entrée de Jason insouciant et léger accompagné de ses enfants.

Sur leurs pas, La Mort surveille la scène.

Tableau 4.

Médée interrompt le jeu du père et de ses enfants.

Elle prend Jason à partie, tandis que s'éloignent précepteur et enfants. Médée implore Jason de renoncer à son mariage. Mais il est trop tard...

Pour la première fois de sa vie, elle n'obtiendra pas ce qu'elle veut. Elle mesure son impuissance et, devant cette inimaginable vérité elle entre dans une fureur démente.

Agacé, Jason s'en va.

Tableau 5.

Épuisé, Médée s'effondre. Elle connaît un moment de profonde tristesse, mesurant sa solitude et l'effondrement de sa vie.

Ses enfants surviennent, toujours suivis du précepteur.

Bref instant de faiblesse ? Elle les enlace. Mais on sent une gêne, un détachement : ces enfants qui devaient lier Jason à son destin n'ont désormais plus aucune raison d'être...

Elle s'adresse au funeste percepteur dont elle sait qu'il est La Mort et lui donne froidement ses enfants. La Mort les prend l'un après l'autre dans ses bras et les dépose au sol, inanimés.

Tableau 6.

Second solo de Médée.

La boucle est bouclée. Une fois encore, elle a commis un meurtre, un double meurtre, un infanticide !

Mais finalement, ce n'est qu'un détail dans l'histoire de cette femme née pour tuer.

Tableau 7.

La Mort qui a assisté à toute la scène s'approche de Médée : il est temps d'en finir.

Jason revient, il découvre les corps de ses enfants, il devient fou de douleur, sans un regard pour Médée.

Remembrance of… Daphnis et Cloé[1]
L'histoire de Daphnis et Cloé.

La scène se passe près de Mytilène sur l'île de Lesbos. Deux pauvres familles de cultivateurs, celle de Damon et celle de Driante, recueillent, à quelques années de distance, deux enfants abandonnés auxquels ils donnent le nom de Daphnis et de Chloé, et qu'ils élèvent pour en faire des bergers. En grandissant en âge et en sagesse, avec le retour des saisons et les paisibles événements des travaux agrestes, le pastoureau et la pastourelle tombent amoureux l'un de l'autre presque à leur insu.

L'écrivain raconte l'histoire de leur amour simple.

« Mon bonheur serait d'être changé en chèvre et de manger herbe et feuilles, tout en écoutant la syrinx de Daphnis devenu mon berger. »

En substance, le thème est semblable à celui des autres romans grecs que nous connaissons : deux jeunes gens, épris d'un amour pur et fidèle, se trouvent en butte à une série d'obstacles avant de pouvoir s'épouser. Péripéties de tout genre, enlèvements, querelles avec d'autres amoureux, reconnaissances et réunion finale sont les éléments immuables de l'intrigue. Mais la particularité de l'ouvrage de Longus, par comparaison avec les autres ouvrages du même genre, c'est d'avoir laissé les aléas de l'histoire au second plan et d'avoir donné tout le relief aux aventures sentimentales des protagonistes.

En réalité, dans *Daphnis et Chloé*, les péripéties se bornent à peu de choses : une incursion de pirates, immédiatement repoussée, une expédition de gens de Mytilène qui enlèvent Chloé, mais la relâchent aussitôt grâce à l'intervention du dieu Pan. Plus que les aventures, ce qui trouble les amants ingénus, c'est l'hiver qui, avec ses froidures, les tient enfermés dans des cabanes isolées : c'est aussi l'ignorance des choses de l'amour qui ne leur permet pas de satisfaire leurs désirs. Jusqu'à ce qu'une malicieuse voisine, Lycénia, se charge d'instruire Daphnis. Cependant, l'amour des deux héros n'atteindra son couronnement que lorsqu'ils retrouveront leurs véritables parents et qu'ainsi les deux pâtres se découvriront grands seigneurs ! Les noces pourront se célébrer légitimement.

---

[1] – Dépôt légal février 2017 – droits réservés

La partition, le Ballet.

Daphnis et Chloé est une partition commandée à Maurice Ravel par Serge Diaghilev, le « pape » des ballets russes qui dans les années 1910 à 1920 se produisaient un peu partout dans le monde.

Pour cette création, le chorégraphe est Michel Fokine, qui écrit avec Maurice Ravel l'argument, inspiré du roman grec.

La première a lieu au Théâtre du Châtelet à Paris, le 8 juin 1912.

Le rideau se lève au son du cor qui donne le thème que l'on retrouvera à plusieurs reprises dans l'œuvre.

Le début est pianissimo. Les harpes donnent quelques notes qui arrivent par petite touche, le cor arrive, ensuite la flûte, et enfin le chœur et les chanteurs. Tout le caractère magique de cette œuvre est donné en quelques mesures.

C'est le printemps et nous sommes dans les bois, tout près d'une grotte sacrée, la grotte des nymphes. Des jeunes leur apportent des offrandes, des cadeaux et ils dansent.

Voici Chloé entourée de garçons. Daphnis, le berger et Dorcon l'éleveur de vaches. Tous deux veulent séduire Chloé. Nous allons assister à une « battle » de danse et le vainqueur gagnera un baiser de Chloé. Dorcon s'élance en premier, il n'a pas l'air très bon danseur, il semble légèrement ridicule. Voici Daphnis, lui est gracieux, léger comme l'air, il danse, il tourne. Il remporte le concours du bois sacré. Daphnis a le droit à son baiser, un petit baiser avant que Chloé ne reparte, un baiser qui le rend fou amoureux.

Rebondissement ! Les pirates viennent tout dévaster, ils courent derrière les femmes du pays pour les kidnapper.

Chloé essaie de se sauver. Daphnis ne retrouve pas Chloé, mais seulement l'une de ses chaussures. Il court jusqu'à la grotte des nymphes pour leur demander de l'aide, épuisé, il s'évanouit devant l'entrée.

Pendant ce temps chez les pirates, Chloé est prisonnière. Le chef des pirates lui ordonne de danser, c'est la danse suppliante de Chloé.

Heureusement, les nymphes ont prévenu le Dieu Pan. Son arrivée met en fuite tous les pirates. Daphnis retrouve Chloé devant la grotte des nymphes. Un vieux berger leur explique ce qu'il vient de se passer. Pan est intervenu en souvenir de sa bien-aimée Syrinx qu'il adorait plus que tout au monde.

Alors, Daphnis et Chloé dansent ensemble en l'honneur de Pan et Syrinx. Tous les personnages se joignent à eux.

Impressions sur Maurice Ravel ...

J'ai de ce compositeur une image complexe et mystérieuse, faite de contradictions. Passionné d'horlogerie, doté d'une oreille extraordinaire, il est un orchestrateur remarquable qui utilise la variété des timbres des instruments avec une précision presque mécanique et un raffinement de sensualité, qui rappelle un peintre utilisant toute la palette des couleurs. On le dit froid, pourtant il a écrit *Daphnis et Chloé*, qui repose sur l'une des plus belles histoires d'amour de tous les temps.

Si Maurice Ravel ne s'est jamais considéré comme compositeur de musique impressionniste, considérant cette appellation dédiée à la peinture, il ne rejette néanmoins pas l'idée d'une analogie de ce mouvement avec certaines de ses œuvres.

Il n'en demeure pas moins que Ravel est communément considéré comme le principal représentant du courant dit « impressionniste » au début du XXe siècle. Son œuvre est le fruit d'un héritage complexe s'étendant de Couperin et Rameau jusqu'aux couleurs et rythmes du jazz ainsi que d'influences multiples dont celle, récurrente, de l'Espagne.

Même si le profond classicisme de Maurice Ravel échappe le plus souvent à la tentation impressionniste, il n'en demeure pas moins vrai que *Daphnis et Chloé*, et plus particulièrement *Le Lever du jour* est un chef-d'œuvre purement impressionniste.

Mon approche est sensorielle et subjective. Autrement dit, comme Baudelaire nous en offre l'exemple, une attitude esthétique (engageant à la fois les sens et l'intellect) qui permet à l'oreille qui écoute et à l'œil qui contemple, de se rencontrer dans une impression commune.

« *... Comme de longs échos qui de loin se confondent ... Les parfums, les couleurs et les sons se répondent.* »

Charles Baudelaire

Un autre grand Maître parvient à mettre des mots et expliquer mon ressenti. Ainsi, lorsque Léonard Bernstein évoque la musique impressionniste, il dit que celle-ci est une merveilleuse pièce de « peinture avec le pouce » ; qu'elle est de la peinture pour les oreilles au lieu des yeux.

Il conclut son propos en déclarant que l'on ne peut pas parler de musique impressionniste sans parler de Maurice Ravel, et, pour illustrer le propos, termine son concert par « La danse des jeunes filles » de *Daphnis et Chloé*...

De fait, Ravel, mettant à l'honneur la liberté de la forme, de la phrase et du langage harmonique, parle plus au ressenti, aux sentiments de l'auditeur qu'à son oreille. Ce faisant, à l'instar des peintres, le compositeur s'intéresse avant tout à la perception des choses.

Ainsi, il a fait de *Daphnis et Chloé*, une véritable symphonie à la sensualité fauve, que Stravinsky considérait comme « l'une des plus belles œuvres de la musique française ».

Pour finir, nous donnerons foi à la légende qui voudrait que le Maître ait composé la troisième partie de Daphnis « Lever du jour », inspiré par le tableau éponyme de J. W. Turner qui, ne l'oublions pas, a inventé cette nouvelle peinture, quarante ans avant Monet !

Note d'intention.

Plus que l'histoire elle-même, maintes fois racontée, c'est la couleur impressionniste de la partition qui nous intéressera ici... Ce qui reste de cette histoire lorsque l'on a tout oublié.

Que peut-il alors rester ? Une image, un parfum ?

Marcel Proust définit cette remembrance avec tellement de subtilité qu'il convient de le citer :

« *Et tout d'un coup, le souvenir m'est apparu. Ce goût, c'était celui du petit morceau de madeleine que le dimanche matin à Combray (…) ma tante Léonie m'offrait après l'avoir trempé dans son infusion de thé ou de tilleul.* »

« *Quand d'un passé ancien rien ne subsiste, après la mort des êtres, après la destruction des choses, seules, plus frêles, mais plus vivaces, plus immatérielles, plus persistantes, plus fidèles, l'odeur et la saveur restent encore longtemps, comme des âmes, à se rappeler, à attendre, à espérer, sur la ruine de tout le reste, à porter sans fléchir, sous leurs gouttelettes presque impalpables, l'édifice immense du souvenir.* »

Tout comme la saveur d'une madeleine sur nos papilles gustatives peut nous replonger dans de lointains souvenirs, une odeur ou une mélodie peuvent raviver des sensations et des événements que l'on croyait enterrés à jamais.

C'est cela notre vision, de la plus belle histoire de tous les temps, dont nous voulons en oublier les péripéties pour n'en garder que l'essence distillée par la musique et les danseurs.

Ce spectacle ne devra pas créer une humeur sur le moment, mais raviver les souvenirs associés à cette humeur.

Nous avons évoqué Maurice Ravel composant le début de la troisième partie du ballet, inspiré par le « *Lever du jour* » de Turner.

Pour ma part, *The Fall of Anarchy* est le premier tableau de Turner qu'il m'ait été donné de découvrir. J'ai tout de suite aimé ce travail. Plus tard, en découvrant l'impressionnisme en musique, comme les œuvres de Debussy et de Ravel, j'ai été fasciné par les parallèles entre les sons que j'entendais et l'art qui m'intéressait ; l'impressionnisme fait allusion à un scénario, mais ne fournit jamais tout à fait l'image complète. Cette peinture en particulier a eu un effet profond sur la façon dont je regarde l'art/la musique — que j'aime qu'elle soit floue, mais jamais timide pour faire passer un message.

Sur le plan scénographique, nous nous engagerons à sa suite en associant partition et tableaux du grand Turner pour venir, avec la musique et la chorégraphie, nourrir l'imaginaire du spectateur. D'une certaine façon, proposer notre « *Tableaux d'une Exposition* ».[1]

« *Parfois, on trouve un vieux flacon qui se souvient, d'où jaillit toute vive une âme qui revient. Mille pensées dormaient, chrysalides funèbres, qui dégagent leurs ailes et prennent leur essor, teinté d'azur, glacé de Rose, lamé d'or.* »

Charles Baudelaire, Le Flacon

« *La musique peut tout entreprendre, tout oser et tout peindre, pourvu qu'elle charme et reste enfin et toujours de la musique.* »

Maurice Ravel — Esquisses autobiographiques.

---

[1] – Tableaux d'une exposition – composé par Modeste Moussorgski. De nombreuses fois arrangée et transcrite pour diverses formations, c'est dans l'orchestration symphonique réalisée par Maurice Ravel en 1922 que l'œuvre est le plus jouée et enregistrée.

Ludwig[1]

Avant-propos.

Ce héros, qui ne réussit jamais à accepter le monde où la naissance l'avait placé et où sa nature faisait de lui un étranger et dont, la dangereuse éducation ne pouvait produire qu'un héros ou un révolté. Le malheur de Louis II fut de ne pas être l'un sans oser pourtant être l'autre.

Il était beau, romantique, infiniment séduisant.

On ne saura jamais ce qui s'est passé ce soir-là au bord du Starnberg. A-t-il choisi volontairement la mort, comme seule fin digne de la Majesté Royale ? A-t-il tout simplement cherché à se venger de Gudden, considéré par lui comme traître à son souverain ?

L'eau sombre du lac, les sapins, le ciel d'orage, c'était comme un décor de Wagner. Et qui sait si, au dernier moment, Louis ne vit pas devant lui le cygne de Lohengrin ou la légendaire Dame Blanche qui l'appelaient ?

Quoi qu'il en soit, ce dénouement grandiose était le seul qui convînt à la destinée du plus romantique des rois. On l'imagine mal vieillissant dans la folie, comme devait le faire son frère Othon[2], qui lui succéda sur le trône de Bavière.

Il n'était pas de la race des héros : mais le royaume sur lequel il choisit de régner, celui du rêve, vaut bien celui de Bavière, même si sa reine s'appelle la Mort.

LE BALLET.

Les Personnages.

Ludwig II. - La Musique de Wagner/La Dame du Lac. - Élisabeth d'Autriche. - Richard Wagner. - Sophie, sœur d'Élisabeth. - Otto, frère de Ludwig. - Monsieur Von Crailsheim.[3] - Les deux médecins aliénistes. - La cour.

Prologue.

Ludwig, Élisabeth, La Dame du lac.

Le début ressemble à la fin. Le drame est consommé, tout le reste ne sera que remembrance…

---

1 - Dépôt légal avril 2020 — Droits réservés
2 - Voir Annexe 8-1 page 141
3 - Voir Annexe 8-2 page 141

Scène 1.
Ludwig puis La Musique de Wagner.

Sur la scène quasiment vide d'un théâtre, Ludwig est perdu dans ses pensées : « *Être ou ne pas être ROI ?...* ».

Soudain, il entend la musique de Wagner. A-t-il seize ans ? Est-il à l'Opéra de Munich ? Nul ne le sait, surtout pas lui...

Toujours est-il que, comme le relatera plus tard, le Conseiller Voldendorf : « cette musique a, sur le jeune prince, une influence démoniaque qui le plonge dans des états dans lesquels son corps est agité de soubresauts spectaculaires. »

Vision.

Soudain, Ludwig donne corps à cette musique : elle est une femme aussi belle qu'inaccessible. Il tombe à ses pieds et lui déclare un amour fou et sans limites. On ressent toutefois une forme de malaise entre la fougue de Ludwig et la froideur immatérielle de cette femme désincarnée.

Scène 2.
Ludwig puis les ouvriers, Von Crailsheim, la Cour.

Resté seul, Ludwig semble reprendre conscience de l'espace.

Il est à Nymphenburg, des ouvriers sont à l'oeuvre (en fait, les machinistes montent le décor — une sorte de galerie des Glaces, opulente, dans les reflets de laquelle les silhouettes se croisent, s'entrechoquent, se multiplient à l'infini).

Le jeune Roi donne ses ordres, ses indications, on fait, on refait, on démolit au gré de ce qui ressemble à des caprices.

Monsieur Von Crailsheim accompagné de quelques courtisans, interpellent Sa Majesté sur le coût très élevé de ces travaux.

Tous sortent en pleine discussion orageuse et très animée.

Scène 3. *Le Salon de Ludwig.*
Il faudrait que pour cette scène, le décor puisse avoir évolué suffisamment pour représenter une salle de réception royale, sans avoir encore, le faste de « la Galerie des Glaces.

Ludwig, Élisabeth, Sophie, et quelques courtisans.

Accompagnée de sa sœur Sophie, Élisabeth rend visite à son cousin.

Informé de cette arrivée impromptue, Ludwig survient et se jette dans les bras d'Élisabeth.

Les deux cousins semblent heureux de se revoir. Fidèle à lui-même, Ludwig est transi d'amour… parce que sa cousine est l'impératrice d'Autriche et donc inaccessible.

Bien sûr, et comme il le fit avec l'image de La Musique, « *il se jette à ses pieds et lui déclare un amour fou et sans limites.* »[1]

Élisabeth marque un temps, puis semble jouer le jeu, ce jeu au service de son dessein : elle embrasse langoureusement Ludwig qui chancèle de bonheur. Mais aussitôt, elle toise froidement Ludwig, semblant lui dire : « *Moi, ta cousine, épouse de l'empereur d'Autriche, je te donne l'illusion de l'Amour. Si tu veux te confronter à l'Amour, marie-toi !* ». Élisabeth prend sa sœur Sophie par la main et la jette dans les bras d'un Ludwig effondré face aux contradictions de sa nature.

Scène 4.

Les mêmes, Wagner, La Musique.

On annonce l'arrivée de Richard Wagner. Ludwig est fou de joie, il rencontre enfin l'auteur des plus beaux opéras qu'il n'ait jamais entendus. Wagner est pour lui bien plus qu'un musicien, c'est un demi-dieu.

Alors plus rien n'existe. Au milieu de cette foule, Ludwig est seul avec Le Maître.

Là encore, la distanciation est patente, Ludwig clame son amoureuse admiration, alors que Wagner veut de l'argent, beaucoup d'argent.

Pour donner poids à sa demande, Wagner fait apparaître sa « *Musique* ». Ce n'est plus tout à fait cette femme désincarnée de la première rencontre. Cette fois, plus charnelle, plus sensuelle, elle provoque Louis II en évoquant le « Cygne », emblème de la famille royale.

Ludwig s'exalte : il le savait cette musique, est sa raison de vivre ! Il inonde Wagner de ses largesses, quoiqu'il en coûte, le compositeur verra toutes ses demandes satisfaites.

Sous une pluie d'argent, Wagner perd toute dignité, se jette sur ces billets pour en emporter le plus possible…

Les courtisans gênés quittent peu à peu la salle, tandis que, choqués et en colère les ministres et Élisabeth reprochent à Ludwig ces nouvelles largesses inconsidérées. Une violente dispute les oppose.

Élisabeth se pose en médiatrice : que les ministres s'apaisent et, en échange,

---

[1] – Ce pourrait être une idée de reproduire le même pas de deux que celui dansé avec La Musique.

elle consentira à donner la main de sa sœur Sophie à Ludwig ! On se quitte sur cet accord, tandis que les ouvriers achèvent la mise en place de la grandiose Galerie des Glaces.

Scène 5. - ***Dans la Galerie des Glaces.***
Les fiançailles de Ludwig et de Sophie.

Tous.

Les courtisans font leur entrée, bientôt suivis par Otto, le frère de Ludwig, entouré des médecins, et dont le comportement est plus qu'inquiétant. Puis arrivent les ministres, Ludwig et, enfin Élisabeth qui conduit Sophie vers son futur fiancé.

Tout se passe pour le mieux, même Ludwig semble heureux.

Richard Wagner que tous considèrent comme le « mauvais génie » de Ludwig fait son entrée. — Plus tard, cette situation inspirera à Tchaïkovski, le Rothbart du Lac des Cygnes — .

Le Roi accueille son idole avec une débauche de prévenances et d'égards qui surprennent et choquent l'assemblée.

Élisabeth prononce solennellement l'engagement des deux jeunes gens.

Wagner contemple la scène et tel un magicien, cache Sophie aux yeux de tous avec son ample manteau et fait apparaître « *La Musique* ». Il recommence à deux ou trois reprises, masquant tour à tour l'une ou l'autre. Ludwig perdant la tête, délaisse Sophie et tombe au pied de cette « vision ». Wagner triomphant, quitte la fête, emportant avec lui ce « mirage » par lequel il tient le Roi en son pouvoir.

Tous sont abasourdis par cet affront, c'est le scandale, ils sortent laissant Ludwig seul dans cette Galerie qui peu à peu sombre dans l'obscurité.

Scène 6.

Ludwig, puis les visions d'Élisabeth, Otto, « La Musique », Wagner, les médecins.

L'outrage à Sophie, la colère d'Élisabeth, la vénalité de Wagner : la rupture avec la réalité est consommée. Richard Wagner a distillé son « poison », la manie de théâtre dont parle Nietzsche. La vie de Louis ne sera plus qu'une longue représentation, une suite de drames montés et joués pour lui-même et dont l'unique spectateur devint le figurant et même, à la fin, le principal personnage et le héros.

De cette obscurité où le Roi est seul face à lui-même surgissent les visions, les hallucinations, les terreurs, les ombres qui hantent depuis toujours l'esprit dérangé du Roi.

Il n'a plus de repères temporels, sans filtre et sans pudeur Ludwig livre sa démence au spectateur telle qu'il la vit.

Viennent hanter l'esprit en perdition du Roi :

... Élisabeth, amoureuse de son image qu'elle contemple sans relâche, sans prêter attention à son malheureux cousin qui voudrait tant se faire pardonner, se donner une dernière fois cette illusion d'amour...

... Otto, ce frère fou aux mains des médecins qui l'emmènent vers l'asile.

... La Musique, encore et toujours cette musique.... cette fois entourée des cygnes comme une danse macabre

... Et, bien sûr, Wagner, plus avide que jamais, qui cherche encore de l'argent, de l'argent

... Enfin, les ministres accusateurs et menaçants,

Soudain, Wagner s'effondre terrassé par l'angine de poitrine qui le rongeait depuis longtemps déjà.

C'est la stupeur, l'effroi de tous, le désespoir d'un Ludwig pétrifié. Les médecins constatent le décès et, comme pour un dernier hommage, demandent à huit hommes de porter le gisant allongé à bout de bras. Alors que le cortège funéraire se met en marche, à contresens apparaît, celle qui représentait aux yeux de Louis, *la Musique* et dont il sait qu'elle est désormais SA Dame du Lac, la main du Destin.

Épilogue.

Ludwig, Élisabeth, La Dame du Lac.

Trio du prologue. La fin ressemble au début. Le drame est consommé, tout le reste ne fut que remembrance...

ANNEXES.

Préface.
- L'édifice roman, des 12e/13e siècles, fut incendié par les Anglais, entraînant la réfection des voûtes après 1436. L'église fut érigée en collégiale par le cardinal d'Armagnac en 1546. En 1590, l'église fut saccagée par les calvinistes et l'ancien chevet (qui comportait des chapelles rayonnantes dont une subsiste encore près du chœur) fut remplacé par une abside à pans coupés précédée d'un chœur très long après 1635. En 1758, réfection du clocher. La voûte du chœur est ornée de faux caissons. L'abside présente une voûte peinte représentant, dans des médaillons, les Évangélistes encadrant Dieu le Père. La construction de l'église Saint-Thomas de Cantorbéry a commencé dans la seconde moitié du XIIe siècle pour se terminer dans les premières années du siècle suivant. Elle fut démolie jusqu'au transept vers 1540 par les calvinistes. Une seule des 7 chapelles qui existaient autour du maître-autel est encore visible aujourd'hui, mais détachée de l'église. Le chœur actuel est postérieur à 1600. Enfin, cette église possède une particularité sans doute unique en France : au-dessus de la tribune, un gisant lui sert de clé de voûte.

1 — Cleopatra – Ida Rubinstein.
Bibliographie.
Gérard Abensour : Meyerhold à Paris.
Jean Sutherland Boggs : Van Dongen's — Souvenir de la saison d'opéra russe, 1909.
Richard Buckle : Nijinski
Violaine Chatoux : Les « ballets russes », un art étranger entre France et Russie.
Jacques Depaulis : Ida Rubinstein, une inconnue jadis célèbre.
Michel Fokine : Mémoires.
Donald Flanell Friedman : Ida Rubinstein, le roman d'une vie d'artiste.
Tamara Karsavina : Ma vie.
Alfred Noé : Marcel Proust.
Peter Wollen : Fashion/Orientalism/The body

2 — Le Sacre du Printemps.
1 — Jacques Rivière, Nouvelle Revue française, novembre 1913.
« Mais il y a dans le Sacre du Printemps quelque chose de plus grave encore, un second sens, plus secret, plus hideux. Ce ballet est un ballet biologique. Non pas seulement la danse de l'homme le plus primitif ; c'est encore de la danse avant l'homme ». Dans son article de Motjoie, Stravinsky nous indique qu'il a voulu peindre la montée du printemps. Mais il ne s'agit pas du printemps auquel nous ont habitués les poètes, avec ses frémissements, ses musiques, son ciel tendre et ses verdures pâles. Non, rien que l'aigreur de la poussée, rien que la terreur « panique » qui accompagne l'ascension de la sève, rien que le travail horrible des cellules. Le printemps vu de l'intérieur, le printemps dans son effort, dans son spasme, dans son partage.
Nous sommes plongés dans les royaumes inférieurs ; nous assistons aux mouvements obtus, aux va-et-vient stupides, à tous les tourbillons fortuits par lesquels la matière se hausse peu à peu à la vie. Jamais plus belle illustration des théories mécanistes. Il y a quelque chose de profondément aveugle dans cette danse. Il y a une énorme question portée par tous ces êtres qui se meuvent devant nos yeux. Elle n'est pas différente d'eux-mêmes. Ils la promènent avec eux sans la comprendre, comme un animal qui tourne dans sa cage et ne se fatigue pas de venir toucher du front les barreaux. »
2 — Les jumeaux.
Autrefois, la naissance de jumeaux était considérée comme un événement inexplicable et elle était accompagnée de superstitions diverses. Ce phénomène était expliqué par une double paternité (deux pères différents), qui prouvait en même temps l'infidélité de la mère. Cette croyance engendrait donc le meurtre de la mère et des enfants. En effet, les Yoruba croyaient qu'aucun être humain ne pouvait engendrer deux êtres humains à la fois. Donc, ils considéraient les jumeaux comme des êtres mystérieux, surnaturels, qui portaient malheur à leurs familles. Par conséquent à leur naissance, les deux jumeaux étaient tués et leur mère était rejetée du village.
Dans le monde, il y a une naissance gémellaire toutes les quatre-vingts naissances. Dans le territoire Yoruba, il y en a une toutes les vingt-deux naissances. Cela signifie qu'avec l'élimination de tous les bébés jumeaux, qui étaient considérés comme des êtres possédés par les esprits du mal, les Yoruba avaient un taux d'accroissement démographique beaucoup plus bas que les autres peuples africains. Pourtant cette décimation allait à l'encontre

de la tradition des Yoruba. En effet, avoir un grand nombre d'enfants était le garant d'une vieillesse sans souci. On ne sait pas quand exactement les Yoruba changèrent leur attitude face aux jumeaux. Une légende raconte qu'il y a cent ans environ, une grande tristesse régnait dans les villages et dans les âmes de ses habitants. On consulta alors l'oracle d'IFA qui ordonna d'arrêter les meurtres des jumeaux et de les honorer dorénavant. Une autre histoire raconte que le légendaire roi Yoruba AJAKA, frère du dieu SHANGO, arrêta le meurtre des jumeaux, après que sa femme eût mis au monde deux jumeaux.

Quoi qu'il en soit, la situation et l'attitude face aux naissances gémellaires changea radicalement, bien que lentement, dans la première moitié du XIX° siècle. Petit à petit, les Yoruba commencèrent à croire que les jumeaux possédaient des pouvoirs surnaturels et qu'ils étaient capables d'apporter le bonheur, la santé, et la prospérité dans leurs familles. On devait donc les traiter avec respect et considération, leur donner les meilleurs aliments, les vêtements et les bijoux les plus beaux, et les combler d'attentions. À leur naissance, on célèbre une fête, à laquelle prend part tout le village, et même parfois la population des villages voisins. Il s'agit d'une fête en l'honneur de la mère qui a accouché, ainsi qu'en l'honneur de toutes les mères de jumeaux. Une danse, réservée exclusivement à elles, est au centre des festivités, et certains mouvements de cette danse illustrent des demandes spécifiques de prospérité, de bonheur, de santé pour les jumeaux, de même qu'une protection contre le pouvoir maléfique des sorcières.

Quelques jours après la naissance des jumeaux, le BABALAWO, c'est-à-dire le prêtre du village, rend visite aux nouveau-nés et il les voue à l'ORISHA IBEJI. Ensuite, il conseille à la mère les aliments recommandés, lui indique les jours de mauvais augure de la semaine ainsi que les animaux dangereux et les couleurs à éviter.

2-a Le culte des Ibéji.

Dans la langue du peuple yoruba, IBEJI veut dire jumeau : IBI = né et EJI = deux.

Dans la tradition religieuse des Yoruba, on considère que les jumeaux ont une seule âme, unie et inséparable. Pour cette raison, si un jumeau meurt, la vie du survivant est mise en danger, car son âme n'est plus en équilibre. La colère du jumeau mort peut faire courir de graves risques à toute la famille : en effet, sa colère peut apporter la maladie et la malchance, mais aussi provoquer la stérilité de la mère. Afin d'éviter ces conséquences néfastes pour la famille, on doit rapidement trouver un moyen pour réunir à nouveau les âmes des jumeaux. Il est donc nécessaire de consulter le BABALAWO et par la suite de commander une petite figure en bois chez un sculpteur : cette figurine sera le siège de l'âme du jumeau défunt. Le BABALAWO tient alors une cérémonie publique, qui a comme but le transfert de l'âme du jumeau mort dans la figure en bois. L'IBEJI est donc le gardien de l'âme du jumeau mort. Pour cette raison, il est traité avec les mêmes soins attentionnés que le jumeau vivant. Lorsque, par exemple, la mère allaite le jumeau vivant, L'IBEJI est aussi positionné à l'autre sein ; lorsque l'enfant est nettoyé et lavé, l'IBEJI est lavé de même et enduit par la suite avec une masse rougeâtre, appelée CAMWOOD, qui est un mélange de bois rouge broyé et d'huile de palmier.

3 — Bodhisattva.
Le terme sanskrit bodhisattva désigne des êtres (sattva), humains ou divins, qui ont atteint l'état d'éveil (bodhi). Ils devraient donc porter logiquement le nom de bouddha (« éveillé ») et être à jamais libérés des contingences existentielles. Le bouddhisme cependant, spécialement sous sa forme du « Grand Chemin » (mahayana), enseigne que certains bouddhas suspendent, par compassion pour leurs semblables, leur entrée dans le nirvana et veillent sur les hommes à la façon des anges gardiens. Ces « êtres d'éveil » sont donc, si l'on peut dire, des « bouddhas en sursis » dont l'action bienfaisante se fait sentir dans le monde spirituel. À l'inverse, le bouddhisme du « Petit Chemin » (Hinayana, ou Theravada) rejette la notion de bodhisattva et professe que le sage (arhant) qui est parvenu à l'éveil devient automatiquement un bouddha.

4 — « Il fallait être peint pour être un homme », note Claude Lévi-Strauss. Dans de nombreuses civilisations, de l'Afrique à l'Amérique du Sud, la forme humaine prend corps en peinture, dans le choix symbolique des pigments et des motifs. La peinture corporelle, rituel de passage ou bien de transformation, devient un marqueur d'identité. Narayan, un mot sanskrit qui désigne « le refuge des hommes » et « l'énergie de l'eau », s'inspire de différents rituels et traditions de peinture corporelle éparpillés aux quatre coins du monde.

5 — Le marécage et la boue s'associent pour fonder le même symbolisme, celui de la stagnation, de la souillure, de la décrépitude. La boue constitue le principe d'involution par lequel la terre en putréfaction perd ses propriétés germinatives pour devenir porteuse de mort. Ainsi dès l'antiquité grecque, les symboles mythologiques les plus fréquents du châtiment sont l'engloutissement par la boue, l'enlisement dans le marais. Et ce n'est donc pas un hasard si le marécage et la boue constituent les images favorites des peintres de la vie urbaine africaine. Lorsque, désenchantés de la période post-indépendances, ils veulent illustrer la pénible réalité de la société corrompue où règnent désordre, crasse, et le dénuement le plus total.

6 — On appelle habituellement « pluies merveilleuses », des pluies formées d'objets, de végétaux ou de minéraux. Ces faits prodigieux ont été signalés depuis l'Antiquité jusqu'à nos jours. Ainsi, les pluies de sang, qui marquèrent les Anciens et alimentèrent les croyances les plus diverses, restèrent de nombreux siècles des signes très forts aussi bien fastes pour les uns que néfastes pour d'autres. Évidemment aujourd'hui, la plupart de ces phénomènes ont trouvé une explication parfaitement rationnelle. Ainsi, au XIXe siècle, les spécialistes expliquèrent ces prétendues pluies de sang, très impressionnantes, dont la couleur rouge serait due à la terre, à des poussières de minéraux, ou encore à des papillons qui répandaient des gouttes d'un suc rouge et qui se trouvaient balayés par les vents. Parmi les plus célèbres de ces pluies de sang, celle de 1551 à Lisbonne sema la terreur.

7 — Finalement.
Consécutivement à une maladresse de ma part, futile au départ, un incident prit des proportions imprévues alors que les répétitions avaient commencé dans un environnement de tension et, sans doute, d'ego exacerbé. Je serai donc écarté du projet et n'en verrai l'aboutissement que neuf mois après sa création. C'était au Bolchoï, le ballet avait reçu, entre temps, quatre nominations pour les Masques d'Or.
Nous sommes loin de mon intention, loin de l'argument prévu : le chorégraphe a fait son travail et gardé ce qu'il avait retenu de cette histoire. C'est un beau ballet, une belle esthétique. Pour moi, il y manque un travail sur le fonds. Ce travail, témoin de son époque, si fort chez Béjart. Il eût peut-être fallu une vision philosophique, sociétale et le courage politique du regard critique de ce que le XXIe siècle fait de ce monde. Il y manque la mystique, le rituel et le sacré yoruba. À ce prix, ce Sacre aurait pu être un témoin fort de la condition de l'Afrique en notre temps et faire date. C'est néanmoins une belle, très belle réussite.

3 — Rain Before it falls…
Il y eut beaucoup de changements inhérents à la création, sans doute…
Je n'en verrai qu'une vidéo. La dame écrit une lettre, certes, mais l'inconnu est très présent et un troisième personnage se joint à eux. Je n'y retrouve guère « ma patte »…
D'ailleurs, Patrick confirmera ce sentiment, en déclarant à une journaliste, avoir donné ce titre Rain… par pur hasard. Plus tard, un jour, il m'appela pour me dire avoir retrouvé un magnifique texte de moi, il faudrait que l'on crée là-dessus… J'écoute… Il me lit la lettre présentée ci-dessus…
Eu égard au travail de recherche, à ma passion pour les deux ouvrages (Coe et Zweig), à l'investissement affectif dans ce projet éminemment écorché, plus quelques problèmes relatifs aux droits d'auteur, cela sonna comme une gifle dont je garde encore, me semble-t-il, la trace sur la joue. Tout ça pour ça !

4 — Thomas Becket ou La Grâce
1 — Philippe Raymond-Thimonga.
Né en 1959, est l'auteur de romans, de récits, et d'articles ou études littéraires. Son œuvre de fiction se distingue à la fois par ses liens originaux entre le roman et la poésie, et par une approche de plus en plus marquante, dans ses derniers livres, de la question de l'humain dans la société contemporaine — qu'il s'agisse des vertiges de l'identité aujourd'hui (Domino), ou de l'humain et l'extrême violence terroriste (L'Avancée). Il a écrit le livret d'un oratorio, La Célébration des Invisibles, pour les Percussions de Strasbourg et le compositeur Philippe Hurel. Créée en 1992, cette œuvre a été reprise à la Cité de la musique en 2006. Il collabore à la revue L'Atelier du Roman, créée par Lakis Proguidis, et à la revue de poésie NU(e), créée par Béatrice Bonhomme, pour lesquelles il a écrit des articles sur Julien Gracq, Pierre Jean Jouve, Níkos Kazantzákis, ou Michel Houellebecq…
L'un de ses textes poétiques, Feu la mort, a été présenté en version scénique au Théâtre des Quartiers d'Ivry (juin 1995), ainsi que dans le cadre des 4e Rencontres Jacques Copeau, à Pernand Vèrgelesses (octobre 1995), lors d'un hommage à Jean Dasté. Ses ouvrages sont traduits en plusieurs langues. Il vit à Paris, où il enseigne la psychologie.

Bibliographie : Adrian Æ, roman, Serge Safran, 2022. - Brusquement, sans prudence, récit des failles, l'Harmattan, 2013. - L'Avancée, récit, Revue NU(e), 2008. - Domino, roman, l'Esprit des Péninsules, 2006. - Parmi les paysages, roman, Dauphin, Prague, 2002 — Ressemblances, roman, Desclée de Brouwer, 1997. - La Célébration des invisibles, livret, 1992. - L'Eternité de temps en temps, roman, 1990. - Abel des Landes, roman, Mercure de France, 1988.

2 — *Sources et Bibliographie.*
Poètes et romanciers du Moyen-âge, Albert Pauphilet (Gallimard -1952).
Thomas Becket, Jean Aubé (Fayard — 1988).
Aliénor d'Aquitaine, Régine Pernoud (Albin Michel — 1965).
Meurtre dans la cathédrale, T.S. Eliot (Faber and Faber 1935).
Mord in der Cathédrale, opéra, Livret et musique d'Ildebrando Pizzetti (Vienne 1960).
Becket — film —, Peter Glenville, scénario d'Edward Anhalt (1964).

5 — Tristan et Isolde ou Les Amants de l'Apocalypse
Bibliographie.
- Joseph Bédier : Tristan et Iseut. Richard Wagner : Tristan une Isolde.
- Richard Wagner : Lettre à Mathilde Wesendonck du 10 avril 1859.
- Marie-France Castarèdel : La passion amoureuse à l'Opéra, Cahiers de psychologie clinique.
- L'Avant-Scène Opéra N° 34-35 : Tristan et Isolde
- Timothée Picard : Tristan et Isolde de Wagner, et sa postérité littéraire - Cahiers de recherches médiévales.
- Karl Heidecker : Mémoires.
Filmographie.
- Lucchino Visconti : Les Damnés (1969)

6 — Salik.
1 — *Biographie.*
Kayhan Kalhor est né à Téhéran. Il commence à étudier la très riche musique classique iranienne à l'âge de sept ans. À treize ans, le jeune artiste intègre l'Orchestre National de la Radiotélévision iranienne avec lequel il se produisit pendant cinq ans. À dix-sept ans, il entama une collaboration avec l'Ensemble Shayda du Centre culturel Chavosh, alors la plus prestigieuse

institution culturelle d'Iran. Il a parcouru tout le pays pour étudier les musiques régionales, en particulier celles du Khorasan et du Kurdistan.

Kayhan est certainement un des artistes les plus créatifs et les plus innovants de la scène musicale iranienne actuelle. Grand ambassadeur de la culture persane, il a largement contribué à la diffusion de son répertoire musical dans le monde. Il est à l'origine du renouveau du kamanché, instrument mal connu, rarement entendu (et éclipsé par le violon), dont il a approfondi et élargi la technique et développé le son de cet instrument

co-fondateur des ensembles Dastan, Ghazal (avec les Indiens Shujaat Khan (sitar) et Swapan Chauduri (tablas) avec lequel il composera les albums Lost Songs from the Silk Road (1997), As Night Falls on the Silk Road (1998), et Moon Rise Over the Silk Road (2000).

Kayhan a également composé pour les grands chanteurs iraniens Mohammad Reza Shajarian et Shahram Nazeri. Il a joué et enregistré avec les meilleurs instrumentistes du pays et composé pour la télévision et le cinéma : il a collaboré avec Osvaldo Golijov sur la bande-son de Youth Without Youth de Francis Ford Copolla. Kayhan Kalhor multiplie ensuite les rencontres, Kronos Quartet en 2000 avec Caravan et Yo-Yo Ma en 2001 avec Silk Road Journeys.

Avec When Strangers Meet, il atteint une véritable et importante renommée internationale.

En fait, Kayhan Kalhor met à chaque fois sa fabuleuse technique et les sonorités de son instrument au service d'une voix, d'un ensemble, d'un projet. Il fait particulièrement étalage de sa maîtrise sur Scattering Stars Like Dust (1998), in the Mirror of the Sky (2004) avec le joueur de luth kurde iranien Ali Akbar Moradi, ou sur The Wind (2006) en compagnie du turc Erdal Erzincan. En 2003, Kayhan Kalhor retrouve Ghazal chez ECM pour The Rain.

La Philharmonie de Cologne lui a commandé une œuvre Trois Poètes qui sera créée en octobre 2009. Une commande de l'orchestre symphonique de Dresde, Cinema Jenin : À Symphony, a été créée en octobre 2011.

Sa riche discographie aux orientations multiples est une nouvelle fois le témoin d'une œuvre d'exception en 2012 avec I Will Not Stand Alone. Pour cet album, Kayhan Kalhor dispose d'un instrument conçu spécialement pour lui, le shah-karman doté de cordes qui vibrent par l'oscillation des autres cordes. Sur cet album, le virtuose iranien dialogue avec le santour basse d'Ali Bahrami Fard, pour une explosion de rythmes sidérante.

Les plus belles salles et les plus grands festivals ont accueilli Kayhan en soliste, avec l'un ou l'autre de ses ensembles, et en invité spécial. Il participe au Projet Route de la Soie de Yo-Yo Ma depuis le début de cette aventure, et ses compositions figurent sur tous les albums du Projet. Au final, il a enregistré plus d'une douzaine d'albums, dont quatre ont été nominés pour un Grammy Award.

2 — *Danser sa vie*, de Roger Garaudy — Paris, Éditions du Seuil, 1973

La préface est de Maurice Béjart, voici cette préface :

Il y a quelques années, en vacances dans une île de la Méditerranée orientale restée, à l'époque, en dehors du circuit touristique, je vécus pendant des semaines, l'été, la vie de pêcheurs, de paysans authentiques dont le rythme était celui de l'air, de l'eau, de la lumière, des végétaux.

Le soir, la journée terminée, le village se retrouve assemblé sur la place entre les deux cafés, le gros arbre, la fontaine et la rue qui mène au port. Les gens passent, se regardent, se saluent, sourient, disparaissent, reviennent, vont s'asseoir. Un petit mur de pierre, un banc, une chaise devant l'un des cafés, le bord de la fontaine. La nuit vient de tomber (rapidité du coucher de soleil en Orient). Silence. Puis les hommes se mettent à parler. Alors, presque toujours au bout d'un certain laps de temps, le ton s'élève : discussions, disputes — personne n'est d'accord — incompréhension. Certains soirs, c'est la bagarre, violente et sans raison. Interrogés le lendemain, ils ont cette réponse : « On a eu des mots ! »

Ils sont de la même race, du même milieu social, du même âge... et les mots ont pour chacun une signification différente. Les mêmes mots. Mythe de Babel !

D'autres soirs, le silence se prolonge, puis un homme se lève et danse — un autre — un troisième — les autres regardent, mais leurs yeux affirment leur union profonde, leur participation totale. La danse continue tard dans la nuit, les danseurs se relaient de temps en temps, et lorsque chacun rentre enfin chez soi, l'unité demeure, la joie est véritable, le repos parfait. La parole divise. La danse est union.

Union de l'homme et de son prochain. Union de l'individu et de la réalité cosmique.

La danse est un rite : rituel sacré, rituel social. On y retrouve cette double signification qui est à l'origine de toute activité humaine.

Danse sacrée — *l'homme est seul en face de l'Incompréhensible : angoisse, peur, attirance, mystère. Les mots ne servent à rien. À quoi bon nommer cela Dieu, Absolu, Nature, Hasard ?...Ce qu'il faut, c'est entrer en contact. Ce que l'homme recherche au-delà de la compréhension, c'est la communication. La danse naît de ce besoin de dire l'indicible, de connaître l'inconnu, d'être en rapport avec l'autre.*

Danse profane - *l'homme est membre d'un groupe ethnique, social, culturel donné. Il a besoin de se sentir faire totalement partie de ce groupe : d'être en rapport avec les autres. Bien plus que les lois, les coutumes, les vêtements, le langage, c'est le geste qui va donner existence à cette union. Les mains se joignent, le rythme unit les souffles, la danse folklorique naît, avec son leitmotiv universel — la ronde, la farandole...*

Danse sacrée, danse profane : le soliste seul devant l'inconnu métaphysique, le groupe uni dans sa fonction sociale — l'origine et la réalité de toute danse doivent être recherchées dans ces deux formes essentielles.

C'est un lieu commun que de parler de la solitude de l'homme moderne au sein d'une civilisation déchirante. Pourtant l'homme ne souffre pas seulement de cette solitude, mais aussi, surtout, d'une division profonde de son être. Nous avons dissocié l'éducation du corps, celle de l'esprit et celle de ce centre (là encore, on bute sur les mots) que nous nommons, suivant nos coutumes, l'âme, le cœur, l'intuition, la connaissance transcendante. Les sciences physiques et naturelles font abstraction de ce principe et de sa diffusion dans l'univers. Notre religion ne satisfait pas aux besoins de l'intelligence. Notre intellect nie le corps tandis que la médecine ne veut rien savoir ni de l'âme ni de l'esprit.

Un univers de culs-de-jatte paralysés, tout au long du jour, au bureau, en voiture, à la maison, devant la télévision, à table et qui, durant la semaine, ne fait fonctionner qu'une petite partie du cortex cervical, se précipite, les week-ends et jours de fête, dans une activité pseudosportive incohérente et sans rapport aucun avec l'existence profonde de tout un chacun : ici l'esprit, là le corps, ici le sexe, là-bas le cœur, — vivisection perpétuelle dont tout être ressent actuellement le malaise profond.

La danse est une des rares activités humaines où l'homme se trouve engagé totalement : corps, cœur et esprit. La danse est un sport (complet).

La danse est aussi une méditation, un moyen de connaissance à la fois introvertie et extravertie. Il y a quelques années, en Inde, je rencontrai un maître, yogi réputé et véritable, et m'ouvris à lui de mon désir de faire du yoga, profondément, et non pas cette petite culture physique pour gens du monde hypertendus. Il me répondit : « Le mot yoga veut dire union. Cette union, vous pouvez la trouver par la danse, car la danse aussi est union. Vous êtes danseur : Shiva, le Seigneur du monde, le grand yogi, est aussi nommé Nataraja, le roi de la danse… vous êtes danseur, vous avez de la chance. Que votre danse soit votre yoga, n'en cherchez point d'autres. » Puis, me regardant, plus tard, au moment de nous séparer, il ajouta : « Ah ! si tous les Occidentaux pouvaient réapprendre à danser. »

Les spectacles de danse ont chaque jour un succès plus grand, un public plus jeune, plus nombreux. Au XXe siècle, le ballet prend la place occupée au XIXe par l'opéra, aux XVIIe et XVIIIe par le théâtre parlé. La danse a repris dans le cortège des arts la place qu'une civilisation chrétienne et puritaine lui avait retirée. Mais est-ce suffisant ?

La danse n'est pas uniquement un spectacle et l'engouement d'un public nouveau et fervent ne mènera nulle part si une révolution profonde ne lui rend pas sa place au sein d'une société qui se cherche.

Il est aussi important pour l'enfant de danser que de parler, de compter ou d'apprendre la géographie. Il est essentiel, pour cet enfant, né dansant, de ne pas désapprendre ce langage sous l'influence d'une éducation répressive et frustrante.

Que chacun, sortant d'un spectacle de danse qu'il a aimé, se penche sur ce problème et l'envisage au niveau de l'existence et non à celui du spectacle, et transpose cette joie sur le plan de la participation durable.

La place de la danse est à la maison, dans la rue, dans la Vie. Alors, comme disait Nietzsche dans Naissance de la tragédie, « l'esclave est libre, alors se brisent toutes les barrières rigides et hostiles que la misère, l'arbitraire, la mode insolente ont établies entre les hommes. Maintenant, par l'évangile de l'harmonie universelle, chacun se sent avec son prochain, non seulement réuni, réconcilié, fondu, mais encore identique en soi, comme si s'était déchiré le voile de Maïa, et comme s'il n'en flottait plus que les lambeaux devant le mystérieux UN-primordial ».

3 — *Ainsi parlait Zarathoustra (1885), Friedrich Nietzsche*
LIRE ET ÉCRIRE

De tout ce qui est écrit, je n'aime que ce que l'on écrit avec son propre sang. Écris avec du sang et tu apprendras que le sang est esprit. Il n'est pas facile de comprendre du sang étranger : je haïs tous les paresseux qui lisent.

Celui qui connaît le lecteur ne fait plus rien pour le lecteur. Encore un siècle de lecteurs — et l'esprit même sentira mauvais.
Que chacun ait le droit d'apprendre à lire, cela gâte à la longue, non seulement l'écriture, mais encore la pensée.
Jadis l'esprit était Dieu, puis il devint homme, maintenant il s'est fait populace.
Celui qui écrit en maximes avec du sang ne veut pas être lu, mais appris par cœur. Sur les montagnes le plus court chemin va d'un sommet à l'autre : mais pour suivre ce chemin, il faut que tu aies de longues jambes. Les maximes doivent être des sommets, et ceux à qui l'on parle des hommes grands et robustes. L'air léger et pur, le danger proche et l'esprit plein d'une joyeuse méchanceté : tout cela s'accorde bien. Je veux avoir autour de moi des lutins, car je suis courageux. Le courage qui chasse les fantômes se crée ses propres lutins — le courage veut rire. Je ne suis plus en communion d'âme avec vous. Cette nuée que je vois au-dessous de moi, cette noirceur et cette lourdeur dont je ris — c'est votre nuée d'orage.
Vous regardez en haut quand vous aspirez à l'élévation. Et moi je regarde en bas puisque je suis élevé. Qui de vous peut en même temps rire et être élevé ? Celui qui plane sur les plus hautes montagnes se rit de toutes les tragédies de la scène et de la vie. Courageux, insoucieux, moqueur, violent — ainsi nous veut la sagesse : elle est femme et ne peut aimer qu'un guerrier.
Vous me dites : « La vie est dure à porter. » Mais pourquoi auriez-vous le matin votre fierté et le soir votre soumission ?
La vie est dure à porter : mais n'ayez donc pas l'air si tendre ! Nous sommes tous des ânes et des ânesses chargés de fardeaux.
Qu'avons-nous de commun avec le bouton de rose qui tremble puisqu'une goutte de rosée l'oppresse ? Il est vrai que nous aimons la vie, mais ce n'est pas parce que nous sommes habitués à la vie, mais à l'amour. Il y a toujours un peu de folie dans l'amour. Mais il y a toujours un peu de raison dans la folie.
Et pour moi aussi, pour moi qui suis porté vers la vie, les papillons et les bulles de savon, et tout ce qui leur ressemble parmi les hommes, me semble le mieux connaître le bonheur.
C'est lorsqu'il voit voltiger ces petites âmes légères et folles, charmantes et mouvantes — que Zarathoustra est tenté de pleurer et de chanter. Je ne pourrais croire qu'à un Dieu qui saurait danser. Et lorsque je vis mon démon, je le trouvai sérieux, grave, profond et solennel : c'était l'esprit de lourdeur — c'est par lui que tombent toutes choses.

Ce n'est pas par la colère, mais par le rire que l'on tue. En avant, tuons l'esprit de lourdeur !
J'ai appris à marcher : depuis lors, je me laisse courir. J'ai appris à voler, depuis lors je ne veux pas être poussé pour changer de place. Maintenant je suis léger, maintenant je vole, maintenant je me vois au-dessous de moi, maintenant un dieu danse en moi.

4 — *Extraits de Danser Sa Vie* — *Roger Garaudy.*

Maurice Béjart.
La danse prospective de Maurice Béjart, dans son effort constant pour participer à l'invention du futur — pas seulement de l'avenir de la danse, mais de l'avenir de l'homme — ne nie pas non plus le passé : elle en intègre au contraire les créations.
L'œuvre de Maurice Béjart ne s'en tient ni à la danse classique ni à la danse moderne ; elle en est la synthèse ; elle porte en elle le germe d'un développement incessant.
… La loi profonde qui se dégage de son œuvre (et de sa vie qui ne fait qu'un avec son œuvre) est celle des ouvertures successives à une conception de plus en plus vaste de la danse, des possibilités des arts et des hommes qui les créent.
… La danse, comme la philosophie, comme la foi, comme tous les arts est recherche de cette part de divin qui est en nous. « Je cherche dit Béjart, ce qui a des sources profondes dans les mythes, la psychanalyse, la religion la vie secrète d'un peuple, d'une civilisation, de l'homme. »
… Ce leitmotiv de l'amour dans toutes ses dimensions : érotiques ou mystiques, et dans leur unité, est le fil conducteur de la recherche chorégraphique de Maurice Béjart.
…L'érotisme dit, dit Béjart, c'est la volonté de nier la mort, l'affirmation de la vie, ce vouloir-vivre dont parle Schopenhauer… Malgré la guerre, les épidémies, les destructions, les races grâce à lui subsistent, se répandent et se perpétuent. L'érotisme relève alors du sacré.
Il prend conscience de la nécessité de la fusion du théâtre et de la danse : le ballet ne cessera d'être un divertissement futile qu'en disant ce que le théâtre seul peut dire, sur l'homme et son époque, et le théâtre ne se sauvera de la déchéance verbale qu'en redevenant geste et danse comme avec Eschyle avec Shakespeare, avec Molière…
…Il exige de ses danseurs non seulement les disciplines rigoureuses de la danse classique, mais la souplesse et l'expressivité du haut du corps, des bras et des

mains ils font la grandeur de la danse hindoue, le caractère hiératique du nô japonais comme les syncopes du jazz, les zapateados de la danse espagnole ou même les tensions du twist, qu'il aime pour son aspect animal : « Je voudrais qu'on sache que l'homme est un animal et un dieu. »

… Le mérite historique de Béjart est d'avoir resacraliser la danse. De l'avoir rendue, dans les conditions de notre siècle, à son rôle social. « La danse peut traduire un univers onirique, ou dévoiler des rapports secrets entre les choses et les êtres, entre l'homme et la divinité. »

… Béjart à créer les plus grandes liturgies du XXe siècle ou le théâtre devient le lieu d'une célébration populaire ou se nouent, dans un véritable dialogue des civilisations l'Orient et Occident, les poèmes bibliques et les textes bouddhiques, la nuit de Nietzsche et celle de Saint-Jean de la Croix, où la danse est l'âme vivante, le centre de cette méditation sur la vie, sur la mort, sur l'amour, sur la solitude et, surtout, sur les fins dernières.

5 — Repaires.

A —L'autre Chant de la Danse —Maurice Béjart —Flammarion. 1974

« …Dans la chorégraphie je crois organiser ce que font les danseurs, en réalité c'est eux qui m'organisent et ne définissent. »

« La barre est tout, mais cesse de la considérer comme un instrument ou un point d'appui. La barre est vivante. La barre te connaît. La barre t'observe… La barre est ta colonne vertébrale, ne l'oublie jamais. Il y a une autre personne, ici, mais cette personne est dangereuse. C'est un faux ami.

Autant la barre est ton épouse, autant cet autre est trompeur. Le miroir vient à toi, il se colle à toi, il t'aspire, il t'avale, il te dévore. C'est un traître. Dans ce miroir, tu ne vois que ce que tu veux bien voir et ce que tu veux voir ce n'est pas toi. »

« Et si toi tu danses vraiment, si tu arrives à danser devant eux, ils sauront qui tu es, ils connaîtront ton nom.

Grâce à ta danse, ils te comprendront et deviendront aussi tes frères.

Les animaux, seuls, connaissent le langage de la Danse.

Oublie que tu es un homme, oublie et tu trouveras.

Oublie que tu es un homme, deviens le chat et le serpent et la tortue, deviens l'aigle et retrouve le soleil.

…Plonge dans la terre, deviens taupe, parcours ses entrailles, ressors en dansant.

Oublie que tu es un homme.

Arrête de penser, arrête de chercher et tu trouveras.

Danse ! Vole, meurs et renais en dansant, Phoenix ! »
« *Un homme est là.*
L'homme se lève et me dit : venez, le désert nous attend.
Soudain, le tapis (...) sur lequel j'étais agenouillé se met à frémir.
Je le sens quitter le sol.
Tapis vole.
Soudain, une main (...) surgit à côté de moi accompagnant mon vol.
… Entre le pouce et le majeur, elle tient une flûte. Je la saisis et la main disparaît aussitôt.
À peine dans ma main, elle se met à jouer toute seule. Les mélodies sont autour de moi et semblent guider mon vol. Le tapis appartient maintenant à la flûte. Il ne vole pas, il danse.
La musique lui donne le tempo, il l'écoute et, suivant ce que la flûte joue, il va plus ou moins vite, plus ou moins haut.
Combien de vie me faudra-t-il parcourir encore avant d'atteindre le but ?
Combien de MOI dois-je encore tuer avant que la lumière ne m'éclaire ? »
« *Je suis couché sur le sable chaud du désert.*
Il fait nuit. Au-dessus de moi, des milliards d'étoiles, grains de sable de ce désert noir et pourtant pétri de lumière pure, et au milieu la splendeur de cette clarté qui se penche sur moi :
- Je t'aime, je viens à toi de la profondeur de l'éternité, donne-moi la main.
J'ai peur.
- Dis-moi ton nom.
- Si tu ouvrais mon cœur, dans la première chambre tu trouverais un miroir.
Si tu osais te regarder, peut-être aurais-tu la vision de LA FACE. À condition de savoir écarter le voile.
Je suis l'ami.
- Dis-moi ton nom.
Son visage se rapproche de moi.
- Regarde cette constellation. Les hommes la nomment Grande Ourse ; c'est une rose par laquelle tu trouveras le chemin.
Lis ton destin dans ces étoiles, chacune est une fenêtre et si tu réussis à te pencher à l'une de ces fenêtres, tu pourras découvrir derrière le ciel la splendeur de LA FACE.
- Dis-moi ton nom.

- L'homme qui danse ne sait pas que le chemin passe par la Grande Ourse, car les vraies étoiles ne fleurissent plus depuis longtemps que dans les rêves.
- Dis-moi ton nom.
- Je t'aime et mon nom est Séraphiel.
L'être de lumière pénètre en moi par le souffle et ressort par ma gorge ouverte, rivière de feu. La mer rouge. Le cœur.
Alors toute crainte disparaît de moi, je ne suis plus qu'une vibration au sein de la Vibration. »

B —Mathnavî-i ma'nawî. Rûmî 1258-1261 — La Quête de l'Absolu.

« Écoute de la flûte de roseau se plaindre et discourir de la séparation :
… Le corps n'est pas voilé à l'âme, l'âme au corps, cependant nul ne peut voir l'âme.
Le son de la flûte est du feu et non du vent : que s'anéantisse celui à qui manque cette flamme.
C'est le feu de l'amour qui est dans le roseau, c'est l'ardeur de l'amour qui fait bouillonner le vin.
La flûte et la confidente de celui qui est séparé de son ami : ses accents déchirent nos voiles.
Qui ne vit jamais un poison et un antidote comme la flûte ? Qui ne vit jamais un consolateur et un amoureux comme la flûte ?
La flûte parle de l'avoir ensanglanté de l'Amour, elle rappelle l'histoire de la passion... »

« ...Alors il lui donna une pureté sans limites et produisit son opposé à partir des ténèbres.
Il suffit de bannières une blanche et une noire...
Ensuite, la lutte qui se noie entre ces deux grands camps dura.
Temps après temps, génération après génération, les deux camps continuèrent à se faire la guerre. »

C — Kulliyât-i Shams yâ Diwân-i Kabir – Jalâl al-dîn Rûmî.

« Regarde mon visage tout jaune et ne me dis rien !
Regarde ma douleur sans fin et de grâce, ne dis rien !
Regarde mon cœur en sang, regarde mes yeux en pleurs
Passe sur ce que tu vois, des pourquoi et des comment, ne dis rien !
Tu es mon hautbois, sans mes lèvres ne gémis pas !
Tant que comme une lyre, je ne te pince pas, de la bonne fortune ne dis rien !
"Regarde, chamelier, d'un bout à l'autre de la caravane les chameaux sont ivres !

Ivre le prince, ivre le seigneur, ivres le compagnon et l'étranger
...Et sont devenus ivres jardins et pelouses, ivres, boutons de rose et épines
ô ciel, combien de temps tourneras-tu ? Regarde le mouvement des quatre éléments !
L'eau est ivre, le vent est ivre, la terre et le feu sont ivres.
...L'âme est ivre et la raison de même, ivre est la Terre et ivres sont les secrets."
"O jour, lève-toi,
Les atomes dansent,
Les âmes éperdues d'extase dansent,
La voûte céleste, à cause de cet Être, danse ;
À l'oreille je te dirai où l'entraîne sa danse ;
Tous les atomes qui se trouvent dans l'air et le désert,
Sache bien qu'ils sont épris comme nous,
Et que chaque atome heureux ou malheureux
Est étourdi par le soleil de l'âme inconditionnée.
...Que les atomes entrent dans la danse !
Afin que de joie sans pieds ni têtes, les âmes entrent dans la danse.
Celui pour l'amour de qui danse le firmament
Je te dirai à l'oreille où est le lieu de sa danse."
"Un moment de bonheur,
assis, toi et moi sur la véranda,
Nous sommes deux en apparence, mais ne faisant qu'un dans l'âme,
sentant le courant de l'eau-de-vie,
Les oiseaux chantent, les étoiles nous regardent
Détacher de nous-mêmes, réunis enfin, nous sommes,
Indifférent envers le vacarme paresseux du monde,
Les oiseaux divins échangent des douceurs,
Comme nous rions ensemble."
D — Soufi, mon amour — Elif Sharaf.
"Tous dans l'univers bougent en rythme — les battements du cœur ou les ailes des oiseaux, le vent les nuits d'orage, le forgeron à son enclume ou ce qu'entend dans le ventre de sa mère un bébé à naître — tout participe passionnément, spontanément, à une mélodie magnifique ; notre danse est un maillon dans cette chaine perpétuelle. Telle la goutte d'eau qui porte en elle tout l'océan, notre danse reflète et voile à la fois les secrets du cosmos."

Se remettant entre les mains de Dieu, le premier derviche commença à tourner, l'ourlet de sa jupe bruissant doucement, menant sa vie propre. Nous nous joignîmes à lui et tournâmes jusqu'à ce qu'il ne reste plus autour de nous que l'Unité. Quoi que nous recevions du ciel.

7 — Médée.

A —Jean Anouilh.

Certains passages sont particulièrement durs et désespérants, notamment quand Jason refuse de se retourner pour regarder Médée une dernière fois.

Le couple est fusionnel jusqu'au dénouement tragique.

Si c'est Médée qui se souille les mains de sang, elle ne commet ses crimes que pour défendre les intérêts de Jason. Ce couple est pourtant au bord du déchirement : les personnages sont sur le point de se séparer, ce qui les forcerait à affronter la solitude. Ce thème de la solitude est constant dans Médée.

Infidélité symptôme de la passion.

Médée : *Comme ce serait facile un monde sans Jason !*

Jason : *Un monde sans Médée je vais rêver aussi !*

Médée : *Mais ce monde comprend et Jason et Médée, et il faut bien le prendre comme il est.*

C'est au moment où le héros décide de se marier avec Créuse, où Jason n'est plus une part de Médée, que cette dernière considère que leurs fils n'ont plus aucune raison d'être. Ce sont les enfants de Jason seul, voire les enfants de personne. Il n'y a qu'une issue : les supprimer pour répondre logiquement à l'absurdité de leur existence.

Médée a fui son pays et son peuple, elle devient une figure d'apatride. Elle est traitée par les corinthiens en réfugiée, tolérée puis rejetée par un pays qui n'est pas le sien.

Le mythe permet ainsi d'interroger la relation à autrui, le rapport à l'étranger, la xénophobie qui, dès l'Antiquité, était au cœur de certains débats politiques.

En représentant Médée en bohémienne, Anouilh, non seulement aborde ce thème, mais y ajoute la provocation. En outre, il exprime l'amertume des émigrés en faisant dire à la Nourrice de Médée : "Tu avais un palais aux murs d'or et maintenant nous sommes là, accroupies devant ce feu qui ne s'éteint toujours".

Même si la mère infanticide inspire une évidente horreur, il n'en demeure pas moins que sa force, son refus des concessions séduisent davantage que Jason, personnage de compromis et de bon sens. Quand ce dernier exprime finalement son attachement aux traditions et aux valeurs de la communauté, Médée, elle, clame son indépendance et défend sa propre vision du monde, fondée sur l'exigence de la pureté, c'est-à-dire l'absence de compromission. C'est parce qu'elle obéit à sa conception d'un amour total, qui la lie irrémédiablement à Jason qu'elle n'hésite pas à commettre autant de crimes pour servir les intérêts de son amant ; sa vengeance reflète une même intransigeance. Médée ne recule devant rien pour accomplir ses desseins.

N. B. Parmi les auteurs qui ont traité du mythe se Médée, Jean Anouilh est le seul à imaginer une issue tragique pour l'héroïne, puisqu'elle se suicide par le feu.

B —Pierre Corneille.

L'action s'y déroule en 24 heures (unité de temps).

En dramaturge averti, Corneille apporte quelques modifications intéressantes.

Par rapport à l'œuvre d'Euripide, il rééquilibre les rôles entre Médée et Jason. S'il emprunte le rôle d'Égée à Euripide, il lui attribue davantage d'importance puisque cet amoureux éconduit vient jouer le rôle du double mineur de Médée.

Par ailleurs, pour renforcer la vraisemblance des actions et pour atténuer quelque peu l'aspect criminel de son héroïne, Corneille va apporter trois changements dans le déroulé des actions. C'est Créon lui-même qui réclame que les enfants soient confiés à sa fille. C'est lui qui accorde à Médée un jour pour partir, sans qu'elle n'ai à en faire la demande, et enfin, c'est Créüse qui exige de Jason la robe de Médée.

Ici, et comme souvent, Corneille crée de "doubles" héros, mais parfois rivaux : il en est ainsi de Médée — Créüse, et de Créon — Égée.

Ces changements permettent à l'auteur d'atténuer la culpabilité de Médée par rapport à Sénèque. En effet, ses personnages apportent une diversité de points de vue sur l'héroïne tragique. Dans l'œuvre de Sénèque, le spectateur est obligé de condamner Médée. Chez Corneille, ce choix devient plus difficile, car il a en sa possession une multitude d'opinions. La création et l'insertion de nouveaux personnages vont dans le sens d'une tragédie plus "psychologique".

Corneille insère aussi des péripéties qui complexifient les événements menant aux crimes finaux et permettent de justifier la vengeance de Médée et donc d'atténuer ainsi sa culpabilité. Son crime devient plus supportable, moins horrifiant que celui de Sénèque. Corneille fait moins agir Médée ; ce sont les autres personnages qui font avancer l'intrigue. Ces actes justifient donc en partie la vengeance de Médée. Ainsi, à la différence de Sénèque, Médée n'est plus haïe dans sa totalité, le lecteur est partagé. Une autre invention majeure concerne la mort de Jason. En effet, ce dernier se suicide sur scène. Chez Sénèque, tout comme dans le mythe, Jason ne meurt pas à la suite de ces événements. Cette invention augmente le pathétique de la tragédie.

À la différence de Sénèque, Corneille ne montre pas sur scène l'infanticide. Celui-ci est commis hors scène, tandis que les deux meurtres (ceux de Créon et Créuse) sont effectués sur scène, aux yeux de tous. L'infanticide est moralement plus condamnable que le meurtre parce que le coupable tue sa descendance, une partie de lui-même. Corneille a donc préféré faire preuve de bienséance sur ce point.

Quoique victorieuse, Médée se condamne finalement à une solitude éternelle en se privant de tous ceux qu'elle aimait.

La particularité de la pièce de Corneille est de présenter Médée comme une femme très amoureuse malgré la lâcheté de Jason. L'auteur éloigne le personnage de Médée de la furie vindicative voulue par Sénèque.

À plusieurs reprises, elle lui redit son amour et cette constance dans ses sentiments pour un époux volage ne fait que confirmer son humanité.

Elle essaie également de le convaincre de fuir avec elle, choisissant l'amour à ses côtés plutôt que la vengeance

De plus, Corneille accorde une grande importance à l'intériorité de Médée. Alors que chez Sénèque le débat de conscience entre la pitié et la vengeance est à peine évoqué, chez Corneille large place est faite à l'opposition entre femme amoureuse vengeresse et mère prise de pitié. Ainsi, le monstre qui nous faisait horreur est aussi montré comme une femme déchirée, comme un être qui passe "des sentiments de femmes aux tendresses de mère".

Le personnage de Jason n'a rien de noble dans son caractère et même lorsqu'il assiste impuissant à la mort de Créuse on ne peut le plaindre, bien au contraire, on voudrait lui dire : "c'est mérité". Il est un être volage et calculateur, libertin même tel qu'on le définira au XVIIIe.

Enfin, Corneille est le seul à faire mourir Jason.

8 — Ludwig.

1 — Otto est de 3 ans, le frère cadet de Ludwig. Dès l'enfance, Ludwig, dans ses jeux, déjà un peu mégalomanes, déclare qu'Otto est son "Vassal". En clair, il lui doit obéissance en tous points. Il devient ainsi, le jouet des caprices du prince. Puis Ludwig devient roi. Tant qu'il n'aura pas d'enfant, c'est Otto le prince héritier. Durant les premières années de règne, on les vit très souvent ensemble : Ludwig était timide et introverti et finit par devenir un reclus, mais alors qu'Otto était gai, sociable et extraverti ! Après une période où sa santé se détériore rapidement, en 1872 (il a 24 ans), il est officiellement déclaré mentalement malade. À partir de ce moment, il est tenu à l'isolement dans les résidences royales. Les choses ne cesseront d'empirer. Ludwig parfois lui rend visite la nuit. En 1886, à la mort de Ludwig, Otto devient roi sous le nom d'Otto 1er. Cependant, il était incapable de gouverner, c'est en fait, son oncle, Luitpold qui assure la régence.

2 — Monsieur Von Crailsheim Ministre-président de Bavière. Il occupe ce poste jusqu'à 1903. En 1895, il est député de la première chambre du Parlement bavarois. Avec Lutz, il joue un rôle décisif dans la destitution du roi Louis II. Il devient lors un proche conseiller du régent, le prince Luitpold de Bavière.

Table.

Préface	5
Cleopatra — Ida Rubinstein	11
Apollon	16
The Rite of Spring	23
The Farewell Waltz	30
Echoes of Eternity	34
Le Corsaire	37
Rain before it falls…	43
Sylvia	50
The Legend of the Steppe	55
Thomas Becket ou la Grâce	63
Tristan et Isolde ou Les amants de l'Apocalypse	75
Salik	84
Zheng Hi	94
Orphée	100
Medea	105
Remembrance of… Daphnis et Chloé	109
Ludwig	114
Annexes	119